エビデンスに基づいた 吃音支援入門

医学博士 菊池良和

学苑社

まえがき

数年前に妊婦さんが急変し、約20の病院に搬送を断られた末、脳出血で死亡したという痛ましいニュースが報じられた。問い合わせを受けた病院が、「ベッド」の空きがない、手術中・患者対応中、そして専門外などの理由で断わった結果であったが、誰もが二度とそのような事態を防ぎたいと思うのではないだろうか？同じことが、吃音(きつおん)の現場でも起きている。特に小学生以上の場合は、相談に行っても、「吃音は専門外なので、ちょっと……」「うちは入院患者しか診ないので」と複数の病院・施設から断られることが多い。そして、吃音を診ている言語聴覚士には吃音の相談が集中し、初回面接まで2、3か月待つしかない状態となっている。吃音は言語聴覚士の仕事の中でも、最も需要と供給のバランスが取れていない分野である。

なぜこのような状態になっているのか？　疑問に思うかもしれないが、それは日本で専門家が今まで少なかったこととも関係している。言語聴覚士を目指す学生には、ぜひ吃音を専門とすることも考えてもらいたい。80年以上も歴史のあるアメリカの言語聴覚士が、最も難しい・苦手と感じているのは「吃音」である。この難しい1つ目の理由は、セラピーによって、吃音が容易に完治しないことである。本書のタイトルも吃音治療ではなく、吃音支援としたのは、セラピストは支援者としての立場であってほしいという希望からである。吃音のある人およ び親の「治したい」という気持ちに対して、たとえ治せなくても、さまざまな支援ができるのである。難しい2つ目の理由は、相談のため来院した人に、吃音がないように見えるからである。特に、思春期以降の場合は、「本当にこの人に吃音があるのだろうか？」と疑いたくなる経験がよくある。吃音頻度を軽減することのみ

1

が、吃音の支援であると理解するセラピストは、一見どもらない吃音のある人に何をしていいかわからなくなる。臨床経験の浅いセラピストはなおさら支援方法に悩むだろう。しかし吃音の支援に臨床経験が必要とされるならば、セラピスト1年目はどうしたらいいのだろうか。

　その1つの答えは、1990年代から広まっているエビデンス（科学的根拠）を知ることである。エビデンスを知ることは、セラピスト1年目でも、何年も臨床経験を積んだセラピストと肩を並べることができる。そもそもエビデンスは、臨床経験豊富なセラピストが、吃音のある人に共通の特徴を、多くの人で検証したものである。吃音経験が浅い人ほど、エビデンスを知ってほしいし、エビデンスを知れば吃音臨床も可能になる。

　本書には、多くの新しいことを盛り込んでいるが、特に強調したいことは2つある。1つは、「育児方法が吃音の発症の原因とはなりえない」ことである。親が冷静に子どもの吃音にかかわることが、吃音のある子にとって一番の幸せである。子どもは成長すると、その当時どのようにどもっていたかは、ほとんど覚えていない。しかし、どもっているときに、親にされた過干渉はいつまでも覚えている。親の不安が、吃音に過干渉を引き起こすことを知ってほしい。そのために、吃音の傾向が見られたのなら、できるだけ早く正しい知識をもつべきである。

　もう1つは、「吃音は意識させてはいけない」ということばは、診断起因説から来ていて、それは1970年代に否定されていることを知ってほしい。「意識」という曖昧なことばよりも、より的確な支援ができることも紹介している（49ページ参照）。今は、吃音を家庭でオープンに話した方がいいとされている。

　さらに本書では言語聴覚士を目指す学生の勉強の助けとして、言語聴覚士国家試験の過去問の対応箇所（網かけ）を本文に記したので、意識して読んでいただけるとうれしい。ぜひ多くの学生が言語聴覚士になってほしいと

いう思いからである。また、吃音のお子さんを担当していることばの教室の先生にもぜひ読んでいただきたい。長いお付き合いをしている長崎県のことばの教室の江坂園江先生から、いろいろ教えていただいた一端を、74ページのコラムでまとめている。

さらに、小児科や耳鼻咽喉科だけでなく、心療内科・精神科の医師にもぜひ読んでいただきたい。成人の吃音のある人は、心療内科・精神科を受診することがあり、社交不安障害として治療されていることがある。しかし、吃音のある人が高率に社交不安障害を合併していることを知っているならば、言語聴覚士に紹介することで、より良い支援が受けられると思う。

また、本書は吃音のある子のご両親にもぜひ読んでいただきたい。吃音は歴史的に親が吃音の原因と思われた時代背景があり、その古い情報がまだあらゆる所に存在し、不要な負い目を感じている母親がたくさんいる。そして、吃音のある人がどのように感じているか、「第5章 吃音のある子の親に伝えたいこと」にまとめてあるので、よりよい支援をしてほしいと願っている。

吃音のある本人には、必ず1回は自分と吃音の関係を考え込む時期がやってくる。人間わからないものは無意識的に排除しようとする。私が知る吃音の最新の知識を本書に詰め込んでいるので、吃音を理解し、吃音とうまく付き合う方法の一助となればと思う。

医師　菊池良和

エビデンスとは

医療を受けるときに、できるだけ効果のある治療を探すのは当然のことである。この「できるだけ効果のある」治療を探す指標として約20年前から医療の分野で言われている用語に、根拠に基づいた医療（Evidence Based Medicine：EBM）がある。このEBMという単語はぜひとも覚えていてほしい。EBMを構成するエビデンスは「科学的根拠」と訳され、統計学的データをもとに解釈されるものである。

このエビデンスには、上図のように、7つのレベル分類がある。エビデンスレベルは信頼度と同義である。Ⅰが最も信頼性が高く、Ⅵが最も信頼性が低い。そして、実施が難しい順でもある。症例報告などはエビデンスレベルⅤである。レベルⅡ・Ⅲは言語療法などの介入研究で、レベルⅣa・Ⅳbは介入しない観察研究である。エビデンスレベルⅣbは、後向き研究と言われ、過去にさかのぼって調べることである。エビデンスレベルⅣa は、前向き研究（コホート研究）であり、調査対象者を1年、2年と経過を追跡する研究である（11回1）。エビデンスレベルⅡは、ランダム化比較試験（RCT：Randomized Controlled Trial）で、レベルⅢは非ランダム化比較試験である。比較するグループ分けの際に、無作為に研究の被験者を振り分ける方法をしているか否かの違いだけである。エビデンスレベルⅠは、RCTなどの文献を総合して、どの言語療法が一番エビデンスをもっているかを見分けるものである。世界の吃音研究はRCTを使う研究が増えてきている。

下図に本書の基本的レイアウトを示す。右ページは文章を記載する。"網かけ部（2回170）"は、網かけ部に相当する問題が、言語聴覚士国家試験の第2回170に出題されたことを示す。文章の右に付した（8）は、巻末の参考文献を参考にした文章であることを示す。表の左下のNとは、人数を示す。

エビデンスのレベル分類
（福井他, 2007）

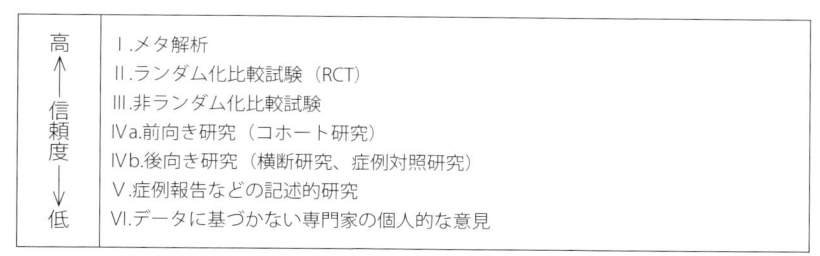

高 ↑ 信頼度 ↓ 低	I.メタ解析 II.ランダム化比較試験（RCT） III.非ランダム化比較試験 IVa.前向き研究（コホート研究） IVb.後向き研究（横断研究、症例対照研究） V.症例報告などの記述的研究 VI.データに基づかない専門家の個人的な意見

※II・IIIは介入研究、IVa・IVbは観察研究

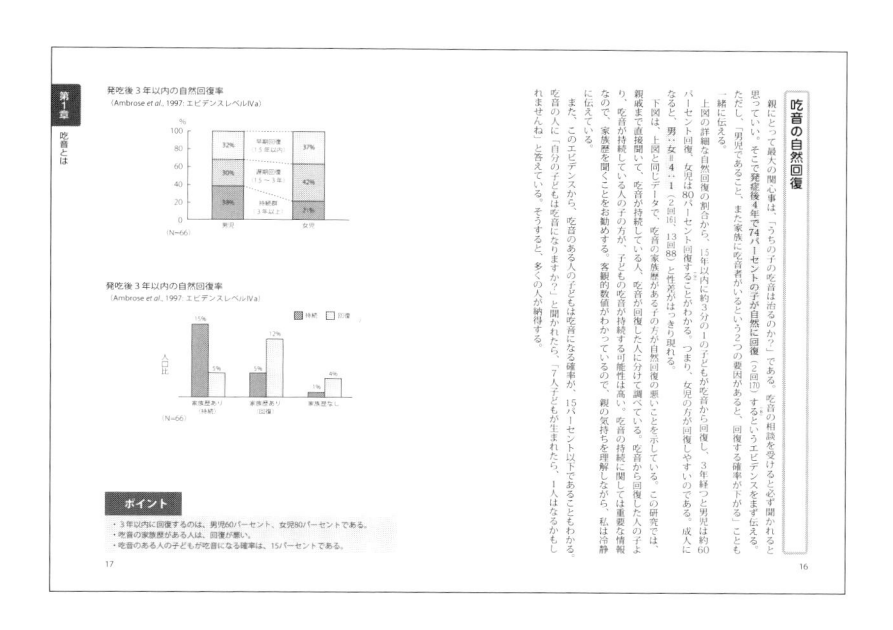

吃音の自然回復

親にとって最大の関心事は、「うちの子の吃音は治るのか？」である。吃音の相談を受ける際に必ず聞かれると思っていい。そこで発症後4年で74パーセントの子が自然に回復（②図）することや、「男児であること、また家族に吃音者がいる」ことがうまくいかない要因であることも一緒に伝える。

ただし、上図の詳細な自然回復の割合から、1年以内に約3分の1の子どもが吃音から回復し、3年経つと男児は約60パーセント回復することがはっきり現れる。つまり、女児の方が回復しやすいのである。成人までの吃音回復は80パーセント同等すると報告されている。この同研究では、下図は、男：女＝1・2例目は13例88と性差が示している。子どもの吃音が持続する可能性の高い、親の吃音歴を聞くことをお勧めする。家族歴の数値がわかっているので、家族歴を聞くことをお勧めする。親の気持ちを理解しながら、私は必ず静かに伝えている。

また、このエビデンスから、吃音のある人の子どもは吃音になる確率は、15パーセント以下であることもわかる。吃音のある人に「自分の子どもは吃音になりますか？」と聞かれたら、「7人子どもが生まれたら、1人はなるかもしれませんね」と答えている。そうすると、多くの人が納得する。

発吃後3年以内の自然回復率
(Ambrose et al., 1997: エビデンスレベルIVa)

発吃後3年以内の自然回復率
(Ambrose et al., 1997: エビデンスレベルIVa)

ポイント
・3年以内に回復するのは、男児60パーセント、女児80パーセントである。
・吃音の家族歴がある人は、回復が悪い。
・吃音のある人の子どもが吃音になる確率は、15パーセントである。

ポイント

・エビデンスレベルは、信頼度を反映する。
・エビデンスを知ることが、有能なセラピストになる近道である。

目次

まえがき 1
エビデンスとは 4

第1章 吃音とは……… 11

吃音問題の全体像 12
発症の原因は体質7割・体質以外3割 14
吃音の自然回復 16
吃音の3つの主症状 18
吃音の言語学的特徴（一貫性、予期） 20
どもったときの喉頭の動き 22
吃音の脳科学 24
隠れ吃音①（予期不安・落ち込み） 26
隠れ吃音②（吃音を隠す努力） 28
不安と吃音 30
社交不安障害（SAD） 32
社交不安障害の治療法 34
獲得性（症候性）吃音 36
吃音と合併疾患 38
クラッタリング（早口症）と吃音 40
コラム1 ジョンソンの吃音立方体 42

第2章 吃音の歴史

世界の吃音の歴史（マンガ） 44

左利きを矯正すると吃音になる？ 46

吃音は意識させると治らない？ 48

日本の吃音の歴史（マンガ） 50

100年前の日本は世界一の吃音治療大国だった 52

日本独自のメンタルリハーサル法 54

コラム2　バンライパーの最終的な考え（1991年） 56

第3章 ライフサイクル上の吃音問題と支援

吃音支援はまず親支援である 58

バンライパーから学ぶ良いセラピストになる3つの条件 60

学校生活での問題と配慮 62

からかい・いじめの配慮 64

からかい・いじめの対処を考える 66

不登校（中1ギャップ） 68

ソーシャルスキルが及ぼす吃音の程度 70

仕事と吃音 72

コラム3　江坂パワーで乗り切る 74

第4章 吃音頻度を軽減させる方法

吃音検査法 76
吃音を軽減する条件 78
発話モデリングによる"ゆっくり話す"効果 80
リズム発話法（メトロノーム法） 82
適応効果 84
オペラント学習①（正の強化） 86
オペラント学習②（タイムアウト） 88
徐々に発話の長さと複雑さをあげる 90
環境調整とリッカムプログラムの比較 92
吃音と薬物療法 94
吃音補助機械（DAF・FAF） 96
エビデンスを踏まえた推奨される吃音療法 98
実際に吃音の相談を受けたら 100
新人言語聴覚士ロールプレイ 102
問診票の使い方 104

コラム4　嚥下障害と吃音の共通点 106

第5章　吃音のある子の親に伝えたいこと　108

吃音の正確な知識を早く知るべきである　110
話し方のアドバイスをしない　112
ことばの先取りをしない　114
邪魔されない発話場面を確保する　116
子どもが「ほめられている」と実感する回数を増やす　118
聞き上手になろう　120
「なぜ僕はことばがつっかえるの？」と質問されたら、無視せず応える　122
「あなたは悪くない」「そのままでいいよ」と伝えよう　124
「かわいそうだから」と話すことを回避させない　126
コラム5　けいれん性発声障害と吃音の違い　128

第6章　吃音のある人に伝えたいこと　127

あなたは悪くない（完璧な人間はいない）　128
誤解されるのは吃音を隠す行為である　130
吃音を公表する　132
コラム6　吃音の自己療法の本から学ぶこと　134

資料

学校の先生へ 136
幼稚園・保育園の先生へ 137
家族の方への問診票 138
ご本人への問診票 139
3歳児健診用「ことばを繰り返す」ことに気づいた親御さんへ
家族の方へ 140
日本語版 Checklist for Possible Cluttering ver.1（JCPC ver.1） 141
LSAS-J問診票 142
児童用主張性尺度（Assertiveness Scale for Children: ASC） 143
ジャックと豆の木 144
吃音支援に有用な資料 145
言語聴覚士国家試験過去問対応表 146
あとがき 147
参考文献 148
著者紹介 150
　　　　　 157

装丁　有泉武己

第1章

吃音とは

吃音問題の全体像

吃音（きつおん・どもり）をいうと聞くと、「ぼ、ぼ、ぼ、ぼくは」とことばの繰り返しだけを想像してしまうかもしれない。吃音の進展段階①と多因子モデル②（下図）を、まず頭に入れると臨床が有意義なものになる。吃音の進展段階でいうと、幼児は第1層が多く、環境調整のみで支援することが多い。しかし、小学生以上の場合は、難発性吃音（最初の一音が出ない吃音）と随伴症状（不自然な動きを伴う症状）を示す第2層以上の場合が多く、第4層まで進展した人は、一見吃音の程度が軽くなるので、「そのくらいしゃべれれば大丈夫だよ」と誤解されることが多い。思春期以降は明らかな吃音がわからない場合も多くなる。セラピストはそのことを知るべきである。吃音のアプローチ方法の1つとして、第1層まで軽減する方法がある。つまり、回避を少なくし、語の言い換えをやめ、難発性吃音や随伴症状を軽減する方法がある。その際、本人が「どもってもいいんだ」と思えることが、一番理想的だが、周りの協力が必要となる。

下図は、吃音の全体像を理解するために、認知、感情、言語、運動、社交の5つをあわせた多因子モデル（CALMSモデル）である。吃音症状の「運動」だけにアプローチしても軽減の持続が難しい。吃音のある人の共通の「認知」は、「どもりたくない」「吃音を隠したい」である。まず、その前提を理解できると、いろいろな「感情」や「社交」が理解しやすい。吃音は言語障害の部類に入っている。ただ緊張して吃音が出るという単純な問題ではなく、「言語」の問題も大きい。人それぞれに苦手なことばがあり、そのことばがうまく出るのか出ないのかでも深く悩む。そして、苦手なことばは、時間とともに変化する。吃音は一人ひとり支援を考えなければならず、支援を必要としている人は多い。

吃音の進展段階
(吃音検査法小委員会, 1981改)

	吃音症状	認知および感情	本人の悩み	周りの心配度
第1層	・連発(繰り返し) ・伸発(引き伸ばし)	・すべての場面で自由に話す ・吃音の自覚(−) ・まれに瞬間的なもがき	小 ↓ 大	中 ↓ 小
第2層	・難発(阻止:ブロック) ・随伴症状が加わる ・連発・伸発もある	・自由に話す ・吃音の自覚(+) ・非常に困難な瞬間は、「話せない」など言うことがある		大
第3層	・回避以外の症状あり ・緊張性にふるえ ・語の言い換え	・発話前の予期不安(+) ・吃音を隠す工夫を始める ・吃音を嫌い、恥ずかしく思う ・恐怖(−)		
第4層	・回避が加わる ・一見、どもっていない ・連発、伸発は減少	・吃音に恐怖(+) ・話す場面を回避し、周りの人に誤解される ・1人で吃音の悩みを抱える		

吃音のある人の悩みを理解する多因子モデル(CALMSモデル)
(Healey et al., 2004)

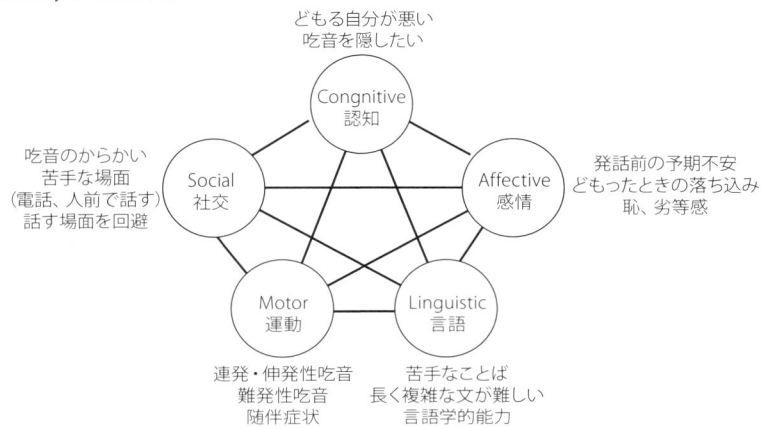

- Congnitive 認知: どもる自分が悪い、吃音を隠したい
- Affective 感情: 発話前の予期不安、どもったときの落ち込み、恥、劣等感
- Linguistic 言語: 苦手なことば、長く複雑な文が難しい、言語学的能力
- Motor 運動: 連発・伸発性吃音、難発性吃音、随伴症状
- Social 社交: 吃音のからかい、苦手な場面(電話、人前で話す)、話す場面を回避

ポイント

・随伴症状のない連発は第1層だとわかる。
・回避をする人は、明らかな連発が見られないことがある。
・認知や感情、社交、苦手なことばを聞くことが大切である。

発症の原因は体質7割・体質以外3割

吃音は話し始めの1歳で発症することは少なく、2〜4歳に人口の5パーセント（4回176、13回88）の子どもが発症し、その約4割の子が急に発症（4回176）する（上図）。「つい昨日まで普通に話していたのに」と母親は思い、「私が原因では？」と自分を責めたり、夫や祖父母に責められたりして来院する場合がある。そして、歴史的に吃音は100パーセント環境が原因（46ページ参照）と誤解されていたこともある。日本では、吃音の原因はまだ不明（2回102）と言われていたが、20年以上も前に体質・環境要因の割合が分かる双子研究（7回67）で証明されている。

下図は3810組の双子を解析し、吃音の原因は体質（遺伝子など内的要因）が70パーセントで、体質以外（外的要因）が30パーセントとの結果を示している。別の1537組の双子研究でも同様の結果が出たので、信頼性のあるものと言える。またアフリカやヨーロッパなど、人種や文化が違っても吃音の発症率は変わらない事実がある。

だから私は、「自分の育児方法が発症の原因ではないだろうか？」と不安に思っている母親に、自信をもって、「No」と伝えたい。

親の知りたい原因論と吃音のある本人が知りたい原因論は異なることが多い。親は自分の育児方法が原因で吃音になったのではないかと心配し、本人はなぜことばがつっかかえるのか知りたいのである。

吃音だけが遺伝と深く関係しているわけではない。さまざまな原因がわかっている高血圧も、実は遺伝的要因が強いのである。高血圧になった人の両親を調べると、どちらかの親が高血圧である確率が60パーセントとなっている。両親とまったく顔の似ない子が産まれることはない。過度に遺伝という用語を意識する必要はないのである。

吃音の発症する月齢

（Yairi and Ambrose, 2005: エビデンスレベルⅣb）

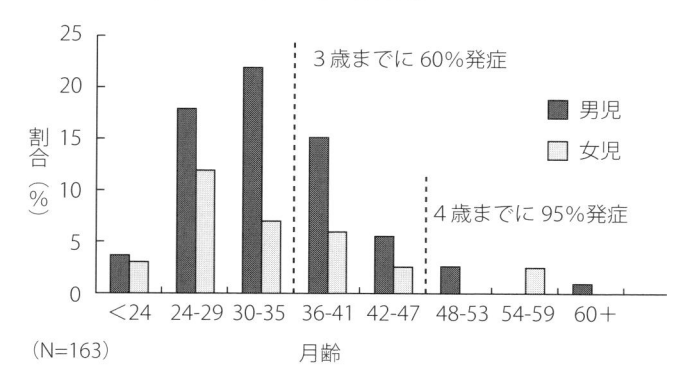

グラフ：月齢別の吃音発症割合（男児・女児）
- <24, 24-29, 30-35, 36-41, 42-47, 48-53, 54-59, 60+
- 3歳までに60％発症
- 4歳までに95％発症
- （N=163）

体質・環境の割合を求めた双子研究

（Andrews et al., 1991: エビデンスレベルⅣb）

	全双子ペア	2人とも吃音	1人だけ吃音	4分点相関係数	
1卵生女	1233	4	20	0.712	遺伝子が同じ
1卵生男	567	6	20	0.735	
2卵生女	751	1	16	0.411	遺伝子が違う
2卵生男	352	1	19	0.272	
2卵生男女	907	1	47	0.134	

（N=3810組）

※4分点相関係数とは、2（吃音児、非吃音児）×2（2人とも吃音、1人だけ吃音）の4分クロス表から得られる値。

ポイント

・吃音の発症の原因は、体質70パーセント、体質以外30パーセント。
・3歳児健診までに約60パーセントの子が吃音を発症する。

吃音の自然回復

親にとって最大の関心事は、「うちの子の吃音は治るのか？」である。吃音の相談を受けると必ず聞かれると思っていい。そこで発症後4年で74パーセントの子が自然に回復（2回170）するというエビデンスをまず伝える。

ただし、「男児であること、また家族に吃音者がいるという2つの要因があると、回復する確率が下がる」ことも一緒に伝える。

上図の詳細な自然回復の割合から、1.5年以内に約3分の1の子どもが吃音から回復し、3年経つと男児は約60パーセント回復、女児は80パーセント回復することがわかる。つまり、女児の方が回復しやすいのである。成人になると、**男：女＝4：1**（2回161、13回88）と性差がはっきり現れる。

下図は、上図と同じデータで、吃音の家族歴がある子の方が自然回復の悪いことを示している。この研究では、親戚まで直接聞いて、吃音が持続している人、吃音から回復した人の子に分けて調べている。吃音の家族歴がある人、吃音が持続している人の子の方が、子どもの吃音が持続する可能性は高い。吃音の持続に関しては重要な情報なので、家族歴を聞くことをお勧めする。客観的数値がわかっているので、親の気持ちを理解しながら、私は冷静に伝えている。

また、このエビデンスから、吃音のある人の子どもは吃音になる確率が、15パーセント以下であることもわかる。吃音の人に「自分の子どもは吃音になりますか？」と聞かれたら、「7人子どもが生まれたら、1人はなるかもしれませんね」と答えている。そうすると、多くの人が納得する。

発吃後3年以内の自然回復率
（Ambrose et al., 1997: エビデンスレベルIVa）

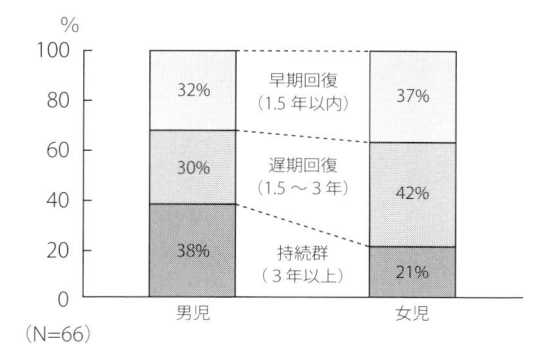

男児：早期回復（1.5年以内）32%、遅期回復（1.5〜3年）30%、持続群（3年以上）38%
女児：早期回復 37%、遅期回復 42%、持続群 21%
（N=66）

発吃後3年以内の自然回復率
（Ambrose et al., 1997: エビデンスレベルIVa）

凡例：持続、回復

- 家族歴あり（持続）：持続 15%、回復 5%
- 家族歴あり（回復）：持続 5%、回復 12%
- 家族歴なし：持続 1%、回復 4%

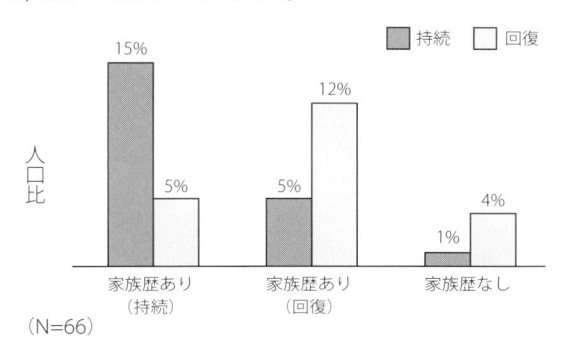

（N=66）

ポイント

- 3年以内に回復するのは、男児60パーセント、女児80パーセントである。
- 吃音の家族歴がある人は、回復が悪い。
- 吃音のある人の子どもが吃音になる確率は、15パーセントである。

吃音の3つの主症状

吃音の主症状には、連発（音節の繰り返し）、伸発（引き伸ばし）、難発（阻止［2回］169）またはブロックとも言う）の3つがあるが、吃音のある人が一番困っていることは、最初の一音が出なく酸欠を引き起こす阻止のときは、息を吸うこともできない、呼吸ができない状態を引き起こし、酸欠になる。すると顔が赤くなり、脈拍が速くなり動悸を感じたり、手も震えたりするのである。

上図のように、年齢とともに連発、伸発は少なくなり（7回174）、難発（阻止）が増えていく。阻止が増えるにつれ、吃音の悩みが深まっていく。逆に言うと、連発や伸発（吃音進展段階の第1層）は苦しくないのである。吃音がなかなか回復しないと心配している親には、第1層の吃音は苦しくない、と専門家としての知識を伝えなければならない。

下図は、自覚的な吃音の程度を、吃音のある成人に振り返ってもらった研究である。この研究から、平均すると成人になると学生のころよりも吃音が軽減していると感じていることがわかる。「学生時代、あんなに重度の吃音だった私がこんなに吃音が軽くなった」とインターネット上で教材を販売する広告をみかけるが、それは一般的な傾向であり、別に驚くことではない。また、成人になり就職し、周りの理解が得られている人は、難発性吃音が増えているにもかかわらず吃音が軽減していると感じることも多い。

吃音のある人にとって最も重要な時期は、中学校と就職を支援するときである。中学生の支援の必要性は、68ページに、就職の支援の必要性は、72ページを参照してほしい。

第1章 吃音とは

年齢と吃音の変化
（日本聴能言語士協会講習会実行委員会, 2001改）

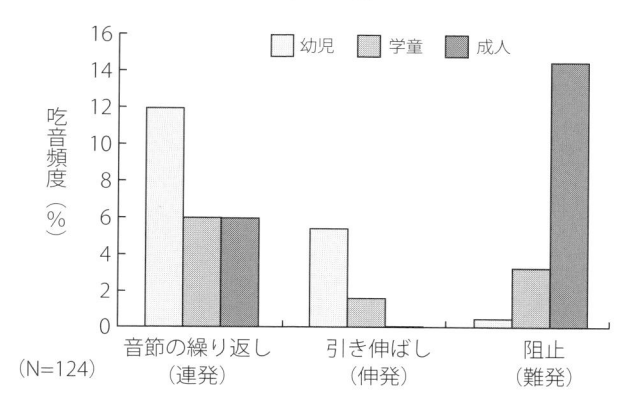

(N=124)

凡例：幼児／学童／成人

	音節の繰り返し（連発）	引き伸ばし（伸発）	阻止（難発）
幼児	約12	約5.3	約0.3
学童	約6	約1.5	約3
成人	約6	0	約14.3

（単位：吃音頻度％）

自覚的な吃音の程度の変化
（見上・森永, 2006: エビデンスレベルIVb）

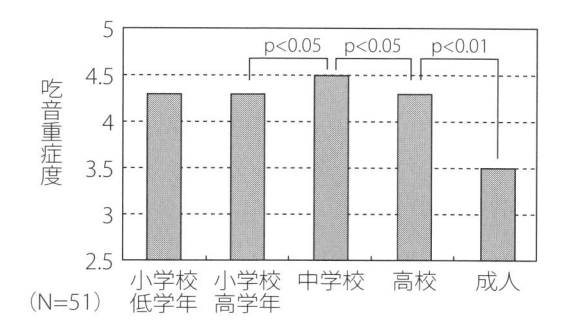

(N=51)

	小学校低学年	小学校高学年	中学校	高校	成人
吃音重症度	約4.3	約4.3	約4.5	約4.3	約3.5

小学校高学年と中学校の間： $p<0.05$
中学校と高校の間： $p<0.05$
高校と成人の間： $p<0.01$

ポイント

・年齢が上がるにつれ、阻止が増え、引き伸ばしは減る。
・中学生で、自覚的に一番吃音が重くなる。
・成人になると、学生時代に比べて吃音が軽くなる。

吃音の言語学的特徴（一貫性、予期）

吃音の発生する部位は、語頭で90パーセント生じる。たとえば、「かたな」を「か、か、か、かたな」と繰り返していたら、「か」に問題があるのではなく、「か」から「た」に音声移行する際にうまくいかないため吃音が生じるのである。日本語は、ほとんど子音＋母音なので、語頭の母音からの音声の移行を考えた研究が上図である。

それによると、母音から閉鎖音（例：katana）が非流暢性の発生が有意に多く、逆に母音から鼻音（例：kinjo）や、母音から母音に移行する（例：kaeru）もので、非流暢性の割合が少なくなっている。

さらに、下図では聞こえ度の階層を基に考えると、非流暢性が多くなっているものは音声の移行が大きく、非流暢性が少なくなっているものは、音声の移行が小さいと考えられる。吃音のある人は、直感的にどもりやすい語と、言いやすい語が感覚的にわかる。この理由の1つの答えが、音声の移行なのかもしれない。

そして、発達性吃音には吃音の発生することばに一貫性がある（1回176、5回174）。一貫性とは、同じ文章を何度読んでも、吃音が生じる場所が変化せず、同じ場所で吃音が発生することである。

一貫性を自分で意識すると、予期不安が生じてくる。吃音のある人は自分のどもりそうな場所を予期でき、94パーセントの高い確率で的中する。その経験を繰り返していくうちに、苦手なことば（語の恐れ）が形成されていく。しかし、苦手なことばだと思っていたことばは、時間や成功体験を積むと言えるようになることがあり、吃音は非常に変化に富む疾患なのである。

20

吃音のある人の音声の移行と非流暢性
（氏平, 2008改: エビデンスレベルIVb）

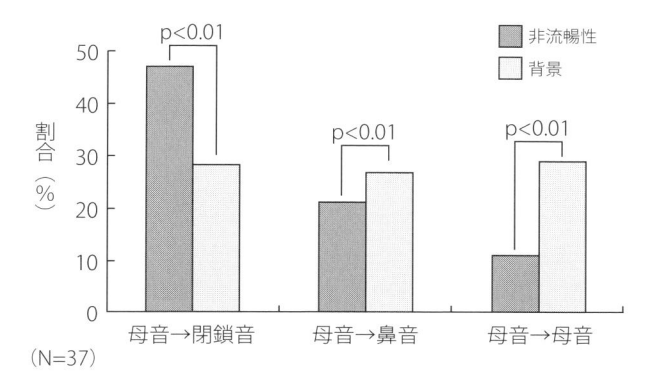

縦軸: 割合（%）、凡例: 非流暢性／背景

- 母音→閉鎖音: 非流暢性 約47％、背景 約28％（$p<0.01$）
- 母音→鼻音: 非流暢性 約21％、背景 約27％（$p<0.01$）
- 母音→母音: 非流暢性 約11％、背景 約29％（$p<0.01$）

（N=37）

吃音のある人の音声移行と聞こえ度の階層
（氏平, 2008）

聞こえ度（sonority）

```
小  /p/   /t/   /k/      閉鎖音
 │  /b/   /d/   /g/
 │  /s/  /z/  /h/  /ʃ/
 │    /m/     /n/       鼻音
 │       /r/
 │  /y/        /w/
 │  /i/        /u/
 │    /e/   /o/         母音
大       /a/
    分節素例
```

吃音のある人の音声の移行: 難 ↕ 易

ポイント

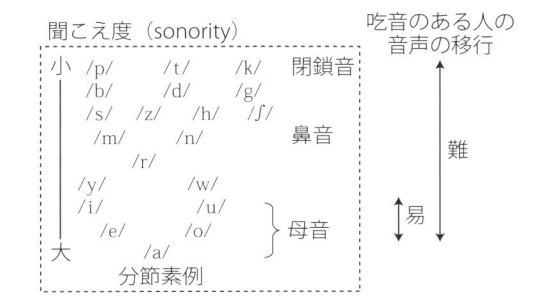

・吃音発生には、2番目の語が関係する。
・吃音には一貫性と予期がある。

どもったときの喉頭の動き

現代の研究方針は、できるだけ痛みを伴わず低侵襲にすることが薦められている。そのため、今では難しいが、過去に筋電図（直接筋肉に針を刺して計測すること）を用いた研究があった（上図）。それによると、流暢に話しているときに比べて、どもっているときの方が、喉頭（声帯）に力が入りすぎている（3回175）のである。その事実を知っていると、声帯に既に力が入っているので、力を抜けばいいとわかるだろう。吃音の相談者は、どの話し方が一番良いのかわかっていないことが多い。そこで、吃音の専門家として、喉の力を抜いて、柔らかく声を出す軟起声（8回176、10回176、12回188）を教えるだけでも、吃音のある人に十分役立つのである。

また、下図は鼻から喉頭ファイバーを通して、喉頭の声帯の動きを直接見た研究である。[15] その結果、連発性、伸発性の吃音では程度の差はあるが、阻止（ブロック）は100パーセント声門閉鎖（声帯が内転）していることがわかる。そのため、呼吸ができず酸欠になってしまう。吃音は子音だけでなく母音でも生じる。つまり舌の動きは吃音発生に直接は関係なく、発声の音源である声帯を主に考えることは当然である。

1970年代まで吃音の原因は喉頭と構音の協調不全であるという研究者たちがいた。しかし、喉頭（声帯）を摘出した後に吃音になった症例が報告された。[16] 元来吃音がなかった67歳の男性は、喉頭全摘出術後に電気喉頭で話していたら、語の一部の繰り返しや引き伸ばし、ブロック、随伴症状など多彩な症状を呈していた。吃音の発生には、必ずしも喉頭が必要ないと証明されたのである。このことからも、吃音は喉頭や舌だけの問題ではなく、脳に関係していることが容易に推定され、小手先の話し方テクニックだけによる吃音の軽減は難しいことがわかる。

どもったときの咽喉頭筋の筋活動
（Freeman and Ushijima, 1978）

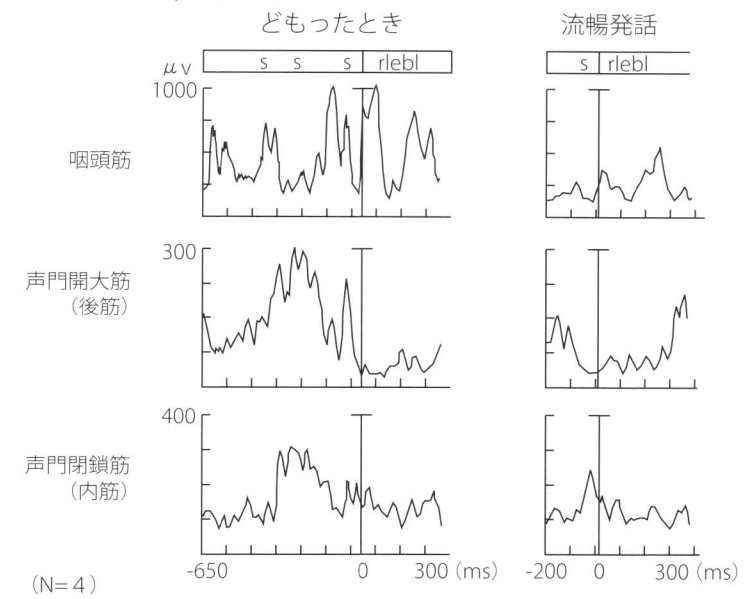

咽頭筋
声門開大筋（後筋）
声門閉鎖筋（内筋）
（N=4）

ファイバーで見た声門の状態
（Conture, 1977）

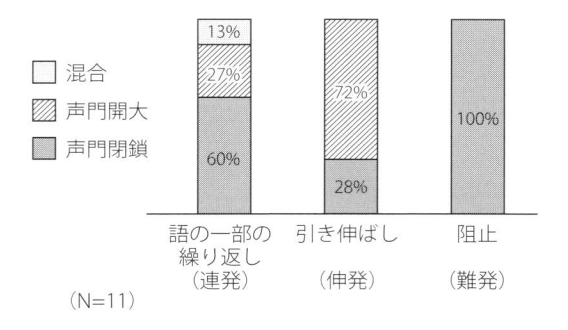

□ 混合
▨ 声門開大
▨ 声門閉鎖

語の一部の繰り返し（連発）：声門閉鎖 60%、声門開大 27%、混合 13%
引き伸ばし（伸発）：声門閉鎖 28%、声門開大 72%
阻止（難発）：声門閉鎖 100%

（N=11）

ポイント

・どもっているときは、咽喉頭筋に力が入りすぎている。
・難発性吃音は100パーセント声門閉鎖している。

吃音の脳科学

吃音の脳科学はこの15年でアメリカ・ドイツ・カナダを中心に研究が行なわれてきて、少しずつだが吃音の全容がわかり始めている。吃音は単なる癖や精神的な問題という扱いではなく、医学的な疾患であり、舌や喉頭（声帯）が主な原因ではなく、脳の機能と構造の違いから吃音になることも証明されている。

上図で表すように、吃音のある人は左半球の機能が低下して「右半球が過剰に働いている」ということを必ず覚えてほしい。80年前にオートンとトラヴィスによって立てられた「大脳半球優位説」（46ページ参照）が、近年の脳科学で実証されているのである。驚くべき洞察力である。

そして、言語療法により「右半球の過活動が正常化し、左半球の活動が増加する」ことも確かめられており、この脳機能の異常が吃音を引き起こしている一因であることは、脳科学研究者たちの一致した見解である。

獲得性吃音（36ページ参照）は、脳卒中などによって吃音が生じるので、失語症と同じように吃音の原因も簡単にわかるのではないかと思われがちだが、なかなかそのようにはならない。これまで、左半球の障害だけでなく、右半球や小脳、脳梁に障害があっても、獲得性吃音を発症させることが知られている。つまり、吃音は1つの部位が原因ではなく、感覚運動統合のフィードフォワードシステムも関与している（下図）。特記すべきことは、発話システムの仮説と脳機能部位の対応が少しずつ明らかになっていることである。今後、さらに解明が進んでいくだろう。

感覚運動統合の障害には、体性感覚と聴覚のフィードバックシステムと、それを監視している監視システム、それにフィードフォワードシステムも関与している(18)。特記すべきことは、発話システムの仮説と脳機能部位の対応が少しずつ明らかになっていることである。今後、さらに解明が進んでいくだろう。

吃音のある人の脳活動のパターン

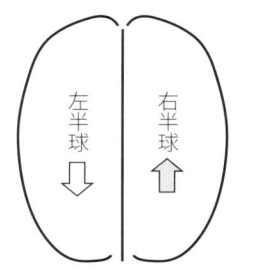

吃音のある人は
左半球が低活動で
右半球が過活動

吃音の脳機能のメカニズム
（Civier *et al.*, 2010）

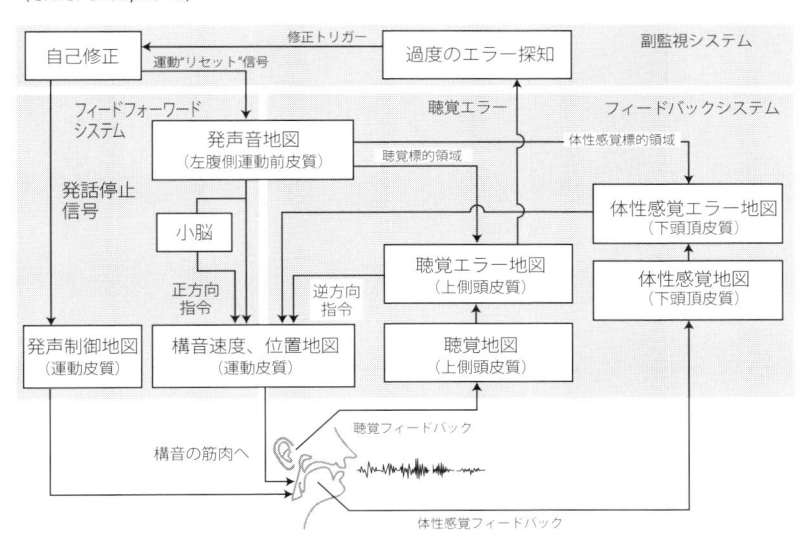

[図：吃音の脳機能メカニズム]

副監視システム
修正トリガー — 過度のエラー探知
自己修正
運動"リセット"信号
フィードフォワードシステム
聴覚エラー
フィードバックシステム
発声音地図（左腹側運動前皮質）
聴覚標的領域
体性感覚標的領域
発話停止信号
体性感覚エラー地図（下頭頂皮質）
小脳
聴覚エラー地図（上側頭皮質）
体性感覚地図（下頭頂皮質）
正方向指令
逆方向指令
発声制御地図（運動皮質）
構音速度、位置地図（運動皮質）
聴覚地図（上側頭皮質）
構音の筋肉へ
聴覚フィードバック
体性感覚フィードバック

ポイント

・吃音の脳機能は、右半球が過活動で、左半球が低活動である。
・吃音の原因部位は、1か所ではない。

隠れ吃音①（予期不安・落ち込み）

吃音のある人にとって一番辛いことは、外見上の吃音ではない。そのことを、まずセラピストは十分に理解しなければならない。上図はどもることが悪いと思う人の思考の悪循環である。吃音のある人が辛いのは、「話す前の予期不安」と「どもった（失敗した）後の落ち込み」である。「この2つがなくなれば、あなたの悩みは減りますか？」と聞いたところ、多くの人が「そうです。特に話す前の予期不安がなくなればいい」と答えていた。

下図のように、幼少時から吃音に対する否定的な態度、吃音のからかいなどを多かれ少なかれ経験する。吃音のある人は、このような経験から「どもりたくない」と思うようになり、話す前の予期不安が始まってしまう。そして、どもったときには、落ち込み、一生懸命反省をする。そういう思考回路に陥っている人に、「もっと頑張れ。この方法（言語療法）でどもらなくなるから、この方法を使いなさい」とアドバイスすることは、逆効果となる。吃音のある人は、吃音軽減よりも、吃音が0になることを望んでいる。たとえ言語療法で99パーセント吃音が軽減しても、1回どもっただけで、「まだ治っていない」と思ってしまうのが、吃音者である。まずはその悪循環に陥っている思考回路に、セラピストは気づいてあげる必要がある。

バンライパーが言うように（56ページ）、吃音のある人はどもったときの対処を考えていない。「どもっているときに、どこに力が入っていますか？」「声が出ないのは何秒ですか？」『なんでどもるの？』と、私は最初の面接で質問している。すると、多くの人は、「そんなことは考えていなかった」と答える。どもったときに冷静でいられるためには、準備しておくべき必要な知識である。吃音は治せなくても、セラピストとしてできることはたくさんある。

「どもること＝悪い」が引き起こす悪循環

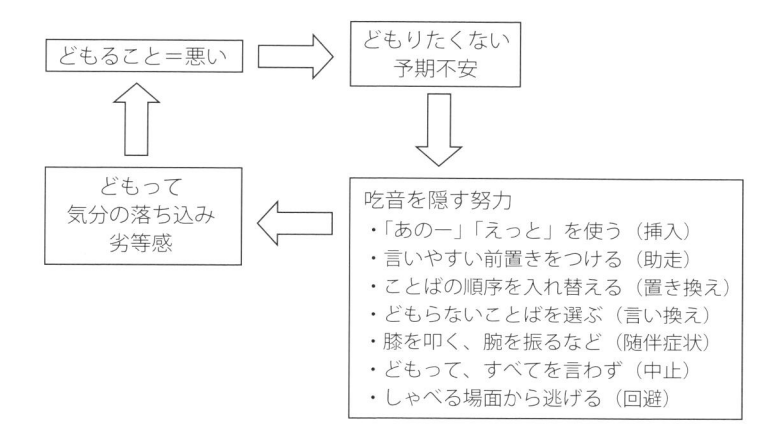

```
どもること＝悪い  →  どもりたくない
      ↑              予期不安
      |                ↓
どもって         ←  吃音を隠す努力
気分の落ち込み       ・「あのー」「えっと」を使う（挿入）
劣等感               ・言いやすい前置きをつける（助走）
                     ・ことばの順序を入れ替える（置き換え）
                     ・どらないことばを選ぶ（言い換え）
                     ・膝を叩く、腕を振るなど（随伴症状）
                     ・どもって、すべてを言わず（中止）
                     ・しゃべる場面から逃げる（回避）
```

吃音のある人の行動と聞き手の反応

吃音のある人の行動	聞き手の反応
連発	笑う、真似する
随伴症状を伴ったブロック	びっくりした顔をする （電話などで）早く話せと催促する
挿入	イライラ、回りくどいと感じる
助走、置き換え	気づかない
言い換え	違和感を覚える
中止	無口な人だと思う
回避	不誠実な人だと思う

※回避は最もよくない。進展段階の第4層に相当する。

ポイント

・回避は、人に誤解を与える行動なので、できるだけしない。
・言い換えは、本人がしたくないと思っている人が多い。

隠れ吃音②（吃音を隠す努力）

幼児の随伴症状（舌の突出、渋面、体をよじる、目をぎゅっとつむるなど）（1回176、4回174、10回175、13回187）は、環境調整だけでも消失することもあり、意識化をして、無理にやめさせようとする必要はない。大人で随伴症状（進展段階の第2層）の多い人には、それを意識化してやめることが可能である。吃音の主症状の軽減は難しいが、隠れ吃音に困っているならば治療効果はあり、本人の満足度にも反映する。

吃音を隠す努力の中で、一番してほしくないのは、しゃべる場面から逃げる「回避」（1回176）（進展段階の第4層）である。どもっている姿に「不誠実な人」と思われることはない。しかし、吃音を隠す努力をするあまりに回避をしてしまい、逆に周りの人に「不誠実な人」と誤解されてしまう不利益が生じるので、「回避」はできるだけしないようにアドバイスしている。「回避が軽減し、好ましいコミュニケーション態度をもっている人は、軽減が維持されやすい」[19]「欲求不満や罰を恐れて、回避をする者は、たとえどんなセラピーを受けても生涯どもり続けるだろう」[20]と偉大な吃音専門家のことばがある。

「本当にこの人に吃音があるのだろうか？」と思うくらい、一見ほとんどどもっていない吃音者と出会うことはよくある。その際は、「言いにくいことばを言い換えたりしますか？（進展段階の第3層）」と聞くようにしている。すると、吃音のある人であれば、「言い換えは頻繁に使っています」という答えが返ってくることが多い。つまり努力・工夫により吃音頻度を減少させている（4回175）のである。私は語の言い換えも、できるだけしないように、アドバイスしている。本当は、語の言い換えをせずに自分のことばで話したいと思っている吃音の人は多い。変えられる所から変えるアドバイスをすると、満足度が高くなる。

第1章　吃音とは

〇 内面を聞く	× 外見で判断しない

〇側:
- 「吃音で困っています」
- 「ことばの言い換え、場面の回避をしていますか？　苦手なことばがありますか？」
- 「言い換えはよくしています　人前はダメです」
- 「吃音で苦労していますね　どもったときの対処法を一緒に考えましょう」

×側:
- 「吃音で困っています」
- 「あなたは軽いから、そんなに心配しなくていいよ」
- 「この人も私のことをわかってくれなかった」
- 「やっぱり吃音は難しい」

不安と吃音

吃音は言語障害であり、吃音の生じることばに一貫性（1回176、5回174）がある。吃音のある人はその経験から、苦手なことばを話す前に予期不安が生じる。また、苦手なことばだけではなく、特定の場面（人前で話すこと、電話など）でも、どもらないか不安になる。

脳科学の観点から考えてみよう。脳の各部位はそれぞれに役割分担が決まっている。上図のように、不安は扁桃体・海馬（大脳皮質の内側にある）が活発に働き、血液が集中する。脳の中の血液量を一定とした場合、扁桃体・海馬に血流が集中してしまうと、話す（前頭葉）、聞く（側頭葉）、見る（後頭葉）などに必要な脳の他の部位に十分に血液がいかないということになる。たとえば、本番になると頭が真っ白になる、という経験をしたことがある人は多いのではないだろうか。

そして、下図に示すように不安が強く、それをストレスに感じる（恐怖）と、脳内でアドレナリンが出てきて（交感神経優位）、闘争か逃避のどちらかの行動をする。普通の人でも、緊張したら赤面し手足がふるえ、脈が早くなり、胸がドキドキするのを感じ、汗が出てくることもあるだろう。その体の反応を不快に感じ、回避するとホッとできる。そのホッと安堵することが、回避を強化するのである。また社交場に出ると回避したくなり、しまいには社交場へ出ることすら回避するようになり、社交不安障害を発症する。逆に考えると、社交不安障害の一番の予防は、回避しないよう吃音のある人の気持ちに共感し、温かく励ますことである。

不安・恐怖は過去の体験の積み重ねである。私は思春期以降の吃音のある人の相談を受ける場合、体験談を効率よく聞くために、初診時に自分の吃音体験をまとめてもらうようにお願いしている。

30

不安・恐怖による発話能力

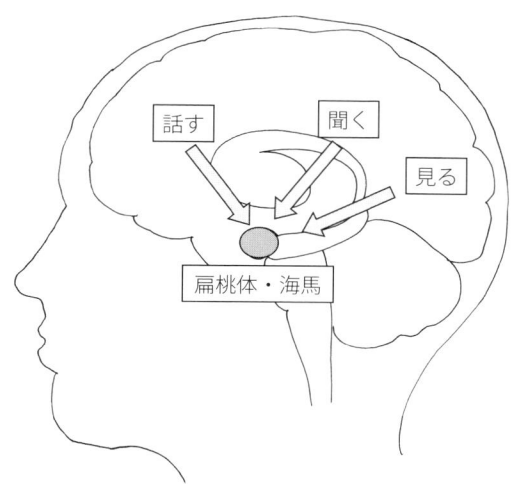

```
      話す    聞く
               見る

      扁桃体・海馬
```

不安があると、100%の発話能力が出せない

社交不安障害の発症の仕組み

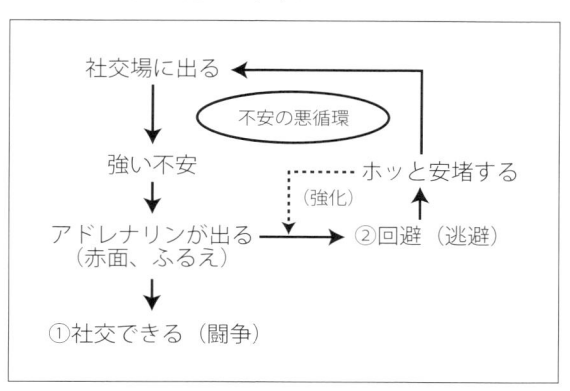

```
  社交場に出る ←──────────┐
      ↓         不安の悪循環 │
   強い不安                  │
      ↓         ┈┈┈→ ホッと安堵する
 アドレナリンが出る   (強化)       ↑
  (赤面、ふるえ)  ────→ ②回避(逃避)
      ↓
 ①社交できる(闘争)
```

ポイント

・不安が強いと恐怖になる。
・不安・恐怖があると、100パーセントの能力が発揮されない。

社交不安障害（SAD）

社交不安障害（Social Anxiety Disorder：SAD）は国際的な疾患名であり、以前は対人恐怖症と言われていたもので、２００８年までは社会不安障害と言われていた。社交不安障害は人口の約10パーセントに存在すると言われているが、吃音のある成人には４倍の約40パーセントに発症している。そのため上図で示すように、吃音、隠れ吃音、社交不安障害の３つを合わせて、吃音症候群という新しい用語を提唱している人もいる。吃音という用語だけでは、吃音問題全体を示しきれていないためである。

下図は、SADと恥ずかしがりの性格の違いである。一見似ているようだが、SADは特定の場面で常に不安感を覚え、赤面、ふるえ、吐き気などの身体症状が出る。そして、不安に感じる場面に立ち会うのを回避してしまい、日常生活に支障をきたしているのである。

SADは不安障害の中でも最も若く発症（平均で15歳）し、女性は男性の1.6倍多いと言われている。自然回復の割合が低く（8年で36パーセント）、再発しやすい。また、SADがある人の20パーセントにうつ病を発症している。なぜ近年になってSADが海外で注目されているかと言うと、自殺企図率がうつ病単独（1.1パーセント）よりも、SAD単独（2.6パーセント）が高いとわかってきたからである。さらに、SADとうつ病を合併すると、７パーセントも自殺企図が増加する。

このように、思春期以降の吃音のある人は、SADまたはうつ病が合併していないかを注意しなければならない。SADやうつ病の診断名は医師がつけるものだが、言語聴覚士もある程度基礎知識を知っておく必要がある。

吃音症候群

(Irwin, 2006)

```
┌─ 吃音（どもり）──────────┐    ┌─ 隠れ吃音 ────────────────────┐
│ 流暢性の障害              │    │ 発話前の予期不安              │
│ ・連発「き、き、き、きのう」│    │ 発話後の劣等感                │
│ ・伸発「きーーのう」       │    │ 吃音を隠す努力                │
│ ・難発「……きのう」       │    │ ・「あのー」「えっと」を使う（挿入）│
└───────────────────────┘    │ ・言いやすい前置きを付ける（助走）│
       ↓                      │ ・ことばの順序を入れ替える（置き換え）│
┌─ 社交不安障害（SAD）─────┐ │ ・言いやすいことばに変える（言い換え）│
│   （対人恐怖症）    ←────┤ ・膝を叩く、腕を振るなど（随伴行動）│
│                         │   │ ・どもって、すべてを言わず（中止）│
│ ・人前で話すことに恐怖    │   │           ↓                  │
│ ・赤面、ふるえ           │   │ ・発話場面を避ける（回避）     │
│ ・社交場を回避           │←──┘                              │
└───────────────────────┘
```

SADと恥ずかしがりの性格の違い

SAD	恥ずかしがりの性格
特定の場面で、常に不安感を覚える	恥ずかしさを覚えても、徐々に慣れる
他人より、不安感や羞恥心、赤面やふるえなどが強いと自覚	他人と比べて、恥ずかしさが強い自覚はない
強い不安を覚えると、赤面、ふるえ、吐き気等の身体症状が出る	不安を感じても、強い身体症状は表れない
不安に感じる場面に立ち会うのを回避してしまう	恥ずかしさを覚悟しても、その場に参加できる
日常生活に支障をきたしている	日常生活に大きな影響はない

ポイント

・吃音のある成人は、吃音のない人の4倍もSADになりやすい。
・SADの20パーセントがうつ病を合併する。
・SADはうつ病よりも自殺企図率が高い。

社交不安障害の治療法

吃音にSADが合併しているだけであれば、十分に言語聴覚士で対応可能であり、薬物療法は必ずしも必要ないと考える。それに、社交不安障害は薬物療法だけでは治らず、自分で行動をした成功体験が必ず必要である。上図は、6か月後のSADから回復した人の割合を示したグラフである。経過観察の人では、6パーセントしか回復していない。1人で行動するよりも、セラピストが入り行動した方が断然効果に差がある。吃音のある人に言語聴覚士が必要なことは、この事実からも明らかである。

セラピストと行動することと同等に効果がある療法は、グループ療法である。同じ境遇の仲間がいて、一緒に今まで避けていたことに踏み出せることは励みになる。したがって小学校のことばの教室のグループ学習や成人吃音者のセルフヘルプグループは意味がある。「セルフヘルプグループがあるから、吃音のある成人はそこに行ってください」という言い方では、多くのSADの人は困るだろう。それは新しい場所になかなか行けないのがSADの本質だからである。可能な限りセラピストと一緒にセルフヘルプグループに参加することが望ましい。

下図は、SADに使われる薬物療法である。SADの第一選択薬は、SSRIである。SADはうつ病と同じく脳内のセロトニンが低下しており、そのセロトニンを増やすSSRIが効果的といえるが、即効性はない。抗不安薬（精神安定剤）は、絶えず不安感情のある人には効果がある。しかし、眠気の副作用が強くて服薬をしなくなることが多い。話す場合にとても動悸をする人には、βブロッカーが有効である。SADという観点をもつと、吃音のある人により良い支援ができるのである。吃音という観点だけでなく、SADという観点をもつと、吃音のある人により良い支援ができるのである。

SADから回復した割合（6か月後）
（Rapee et al., 2007: エビデンスレベルⅡ）

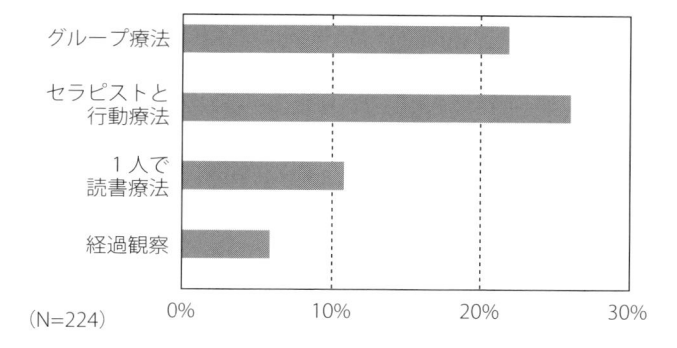

- グループ療法: ~22%
- セラピストと行動療法: ~26%
- 1人で読書療法: ~11%
- 経過観察: ~6%

（N=224）

薬物療法
（※必ず、成功体験を積まないと効果がない）

①SSRI（選択的セロトニン再取り込み阻害薬）
　　（例：パキシル、ルボックス、デプロメール）
　　過去の経験により学習された不安や恐怖を抑える
②抗不安薬（精神安定剤）
　　（例：デパス、メイラックスなど）
　　いまそこにある不安を抑える
③βブロッカー（交感神経β受容体遮断薬）
　　（例：インデラル、テノーミンなど）
　　交感神経を遮断し、緊張する体（動悸、ふるえなど）をほぐす

ポイント

・SADは自然には治りにくく、1人で対処しても難しい。
・セラピストと行動療法か、グループ療法に参加することが好ましい。

獲得性（症候性）吃音

上図のように獲得性（症候性）吃音は発達性吃音と違った特徴があるので、国家試験によく出題される。獲得性吃音は、脳梗塞など脳障害をきっかけに発症する（9回175）。前頭葉、頭頂葉、側頭葉など左半球が主に障害されて吃音を発症するとなっているが、右半球が損傷しても吃音を発症することもあり、吃音は1か所の障害が原因ではないとされている。下図で示しているように統計的には獲得性吃音が脳卒中後の5.2パーセントに発症し、6か月後には2.5パーセントに減少している。国家試験では、発達性吃音より治癒率は低い（11回188、12回187）とされている。

構音障害の合併は少ないが、失語症の合併が多い。[27]

発達性吃音の場合は、90パーセントが語頭に出現する（3回175）が、獲得性吃音は、語頭以外の吃音も多い。また、歌や流暢性形成法は効果がなく、獲得性吃音の場合は、発話前の不安や恐怖がない（11回188）が、うまくしゃべれないいら立ち（欲求不満）はある。[28]

セラピーとしては、各音節を一つひとつ発音したり、メトロノームなどのペースを利用して話す方法もある。また、ゆっくり軟起声で話す方法もある。日本には獲得性吃音の言語療法の症例報告は少ない。脳卒中患者の20人に1人の割合で、獲得性吃音が発症するので、研究者は症例報告や発症率をぜひ学会で報告してほしい。その際、適応効果、一貫性があるのかも調べていただきたい。適応効果を示さなかったのは、吃音のうち46パーセントだったという報告もある。[29] 獲得性吃音も発達性吃音と同様に、聞き手の態度が大切である。「どもっていてもいいんだよ」という聞き手の姿勢に、吃音のある人は救われる。

発達性吃音と獲得性（症候性）吃音の違い

（ギター，2007）

	発達性吃音	獲得性（症候性）吃音
発症	2〜4歳	脳卒中、頭部外傷、パーキンソン病、認知症
吃音部位	90%が語頭音	語頭音以外も
不安、恐れ	○	×（いらだち）
二次的行動（回避など）	○	×
歌	○	×
流暢性形成法（マスキング、DAF）	○	×
適応効果、一貫性	○	×

脳卒中後の獲得性吃音の割合

（Theys et al., 2011: エビデンスレベルIVa）

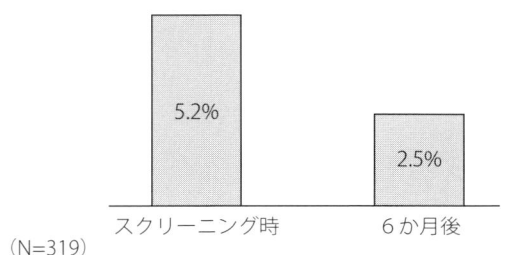

スクリーニング時 5.2%　　6か月後 2.5%
（N=319）

ポイント

・獲得性吃音は6か月後には、約半数が回復する。
・獲得性吃音には、予期不安がなく、歌も歌えず、適応効果や一貫性もない。

吃音と合併疾患

幼児では、吃音の約3分の1に構音障害が合併する。構音障害には確立した治療法があるので、得意とするセラピストは多いだろう。上図で吃音と構音障害の違いをまとめた。一番注目してもらいたいのは、100パーセントの能力の違いである。構音障害は正しく発音できないが、吃音はすらすらしゃべれるのである。したがって、自ずと目標が異なるのは当然だろう。吃音の目標は、まずは100パーセントの力が出せるように環境調整をすることである。そして、吃音のある人の回避を少なくして、周りの人がほめることが重要である。

時々小学生以上の吃音のある子で、構音障害も合併している場合に、「構音訓練をした方がいいのですか？」と聞かれることもあるが、「治せる構音障害は治してください」と伝えている。構音障害が治ることにより、聞き返される経験が減り、吃音の軽減へとつながる。また吃音は波があるので、調子が悪くなっても時期が経てば、調子が戻ってくるので心配はない。それよりも、構音障害のエビデンスを知り、治す技術を身につけることの方が好ましい。セラピストによって吃音の軽減の差はあまりはっきりしないが、構音障害はセラピストにより、歴然と治療効果の差が出る。

小児（3歳から17歳）の大規模な吃音に併存する疾患の調査がある（下図）。それによると、吃音のある子の約半数になんらかの併存する疾患があり、LD（学習障害）、ADD／ADHD（注意欠如・多動性障害）、MR（精神発達遅滞）、てんかんなどが多い。また、ダウン症にも吃音が併存することは知られている。自閉症スペクトラムに吃音が併存する割合はわかっていない。アメリカの言語聴覚士が、取扱い件数を増やすために、吃音と合併疾患を過剰診断している可能性があるという報告もあるので日本独自のデータも必要である。

吃音と構音障害の違い

	構音障害	吃音
共通	周りの人に指摘される 元々は本人は困っていない	
症状	一定	変動が大
訓練効果	長期効果あり	訓練室のみ
100%の能力	正しい発音ができない	すらすらしゃべれる
目標	正しく発音できる	100%の力が出せるように環境調整

吃音に併存する疾患
（Boulet et al., 2009: エビデンスレベルIVb）

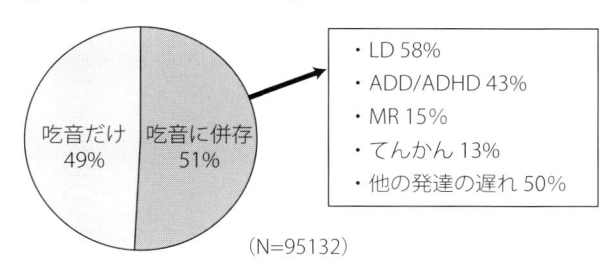

- 吃音だけ 49%
- 吃音に併存 51%
  - LD 58%
  - ADD/ADHD 43%
  - MR 15%
  - てんかん 13%
  - 他の発達の遅れ 50%

（N=95132）

ポイント

- 吃音のある人は、100パーセントの能力を出せば、すらすらしゃべれる。
- 吃音に合併する疾患に学習障害、ADHD、構音障害が多い。

クラッタリング（早口症）と吃音

クラッタリングは、異常な発話速度の速さや不規則さを特徴とする症候群であり、正常な音、音節、句の表出や間を維持することが困難で、典型的な吃音とは異なる非流暢性生起の多発と定義される。日本名では早口症に相当する。

古くから吃音の人には、早口症が多いと言われていたが、その客観的データが上図である。宮本昌子先生がクラッタリングの鑑別に、海外で使われているものを日本語訳にしたもの（142ページ）を作成し、小学1年生から6年生までのことばの教室に通級している208名（男子162名、女子46名）を対象に調査された。JCPCは33項目からなり、30点以上からクラッタリングと吃音の合併、60点以上はクラッタリングと分類される。その結果、クラッタリングを合併した吃音の人は、約16パーセントだった。

クラッタリングも、単なる癖という考え方よりは、神経学的に異常があると見なされて、吃音とは独立した疾患（12回187）と考えられている。非流暢性の障害とは、吃音だけでなくクラッタリングも含まれる。そのため、アメリカには吃音を診る専門資格「Fluency specialist」があり、それには吃音だけでなく、クラッタリングも対象になっている。

下図はクラッタリングとその類縁疾患の関係を表した図である。クラッタリングは最も吃音と共通部分が多く、構音障害、LD、ADHDとも重複する部分もある。言語・構音に関するものは、お互い影響し合っているのだろう。クラッタリングは、本人が困っていないことが多く（7回176）、治療法がまだ模索中である。クラッタリングの診断の問診票は存在するので、症例報告などを通じて、学会で報告する人が増えることを切に願っている。

JCPC ver.1の得点分析
（宮本, 2011: エビデンスレベルIVb）

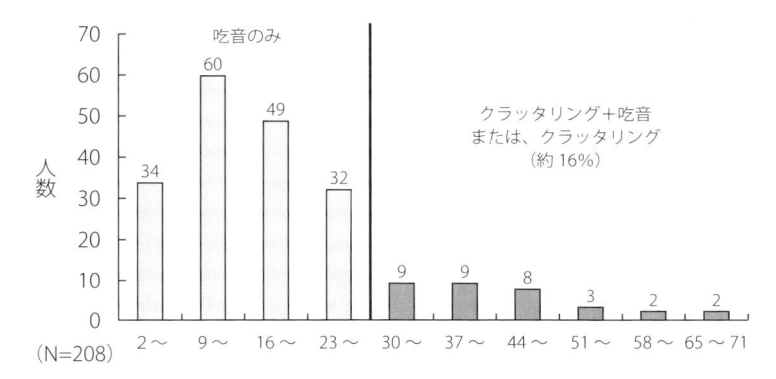

吃音のみ

クラッタリング＋吃音
または、クラッタリング
（約16％）

人数

範囲	人数
2〜	34
9〜	60
16〜	49
23〜	32
30〜	9
37〜	9
44〜	8
51〜	3
58〜	2
65〜71	2

（N=208）

クラッタリングとその類縁疾患
（St. Louis *et al.*, 1997改）

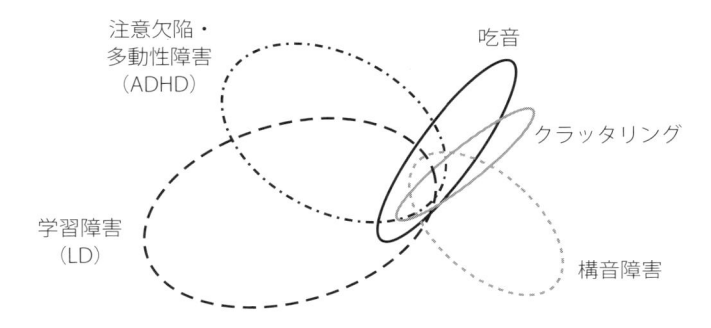

注意欠陥・多動性障害（ADHD）
吃音
クラッタリング
学習障害（LD）
構音障害

ポイント

・吃音の約16パーセントにクラッタリングが合併する。
・クラッタリングは、吃音、構音障害、LD、ADHDと合併する。

コラム１　ジョンソンの吃音立方体

　ジョンソンは、バンライパーと並ぶ偉大な臨床家・研究者の１人である。ぜひともその名前は覚えてほしい。左利き矯正説を否定し、診断起因説を打ち出したが、日本に広く知れ渡り使われているのが、下図のＸＹＺ吃音立方体である。Ｘ軸は吃音の程度であり、Ｙ軸は聞き手の反応、Ｚ軸は話し手の心理的反応である。このＸＹＺで作られる体積の大きさが吃音問題の大きさだとジョンソンは考えた。つまり、重度の吃音のある人（Ｘ）でも、周りの聞き手が理解してくれて（Ｙ）、本人も予期不安やどもって落ち込んでいない（Ｚ）のであれば、見た目の吃音ほど、吃音問題は大きくない、と考えることができる。逆に言うと、見た目はほとんどどもっていない（Ｘ）が、聞き手がどもることを許さず（Ｙ）、話し手も予期不安など心理的な反応が強い（Ｚ）のであれば、吃音問題は大きいのである。「どもってもいいんだよ」ということばは、本人よりは周りの聞き手に知ってほしいことばである。聞き手が「どもってもいいんだよ」という姿勢で接すれば、吃音のある人も自然とどもれるのである。

　もし、この立方体を知っていたら、吃音のある人が「本読みでどもった」と言ってくれたら、何を聞けばいいか想像できるだろう。「どもったことで、笑われた？」「本読みの前に不安だった？　落ち込んだ？」と。吃音の臨床の幅を広げる吃音立方体である。13ページの吃音の多因子（ＣＡＬＭＳ）モデルとの対応も示した。

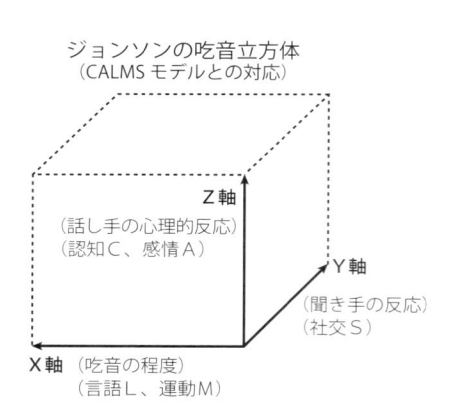

ジョンソンの吃音立方体
（CALMSモデルとの対応）

Ｚ軸
（話し手の心理的反応）
（認知Ｃ、感情Ａ）

Ｙ軸
（聞き手の反応）
（社交Ｓ）

Ｘ軸　（吃音の程度）
（言語Ｌ、運動Ｍ）

第2章

吃音の歴史

世界の吃音の歴史

1928年
左半球を障害された人が失読症になった。

オートン（アメリカ）

1861年
発語の障害は、左半球の前頭葉の病巣と関連がある。

ブローカ（フランス）

1874年
理解の障害は、左半球の側頭葉の病巣と関連がある。

ウェルニッケ（ドイツ）

19世紀後半「大脳機能局在説」
脳の部位にはそれぞれ役割がある。右半球は身体の左側、左半球が右側を支配。言語中枢は、左半球にある。

言語中枢

1920年代
吃音がある人は、左利きか両利きが多いという報告がある。

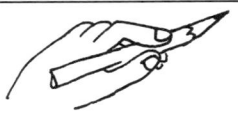

「利き手矯正説」（1931）
吃音者は左右半球を使っているから、左利きか両利きが多いのではないか？吃音治療は、矯正された右手を使うのをやめて、利き手を左に戻すことである。

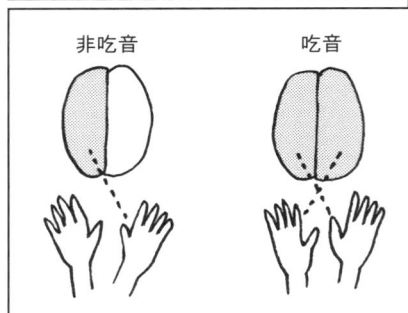

「大脳半球優位説」（1931）

オートン先生は左半球と読みが関係すると言ったけど……

吃音者では、両半球が同じくらい言語にかかわる
同じ運動司令を両半球から異なったタイミングで受け取ることで、どちらの運動指令に従えばいいか混乱して吃音が生じる

非吃音　　吃音

トラヴィス（アメリカ）

第2章 吃音の歴史

利き手矯正説は間違っている

ジョンソン（アメリカ）

「診断起因説」(1942)

吃音は子どもの口から始まるのではない。親が決めつけて、意識させて矯正させるから吃音になる！

吃音の原因は100％環境にある！

利き手を矯正された人の割合は健常者と変わらない そもそも吃音のある人に左利きが多いわけではない！

そんなことより、親が子どもの話し方を吃音と決めつけ、意識させたから吃音になったのだ

診断起因説は間違っている

アンドリュース（オーストラリア）

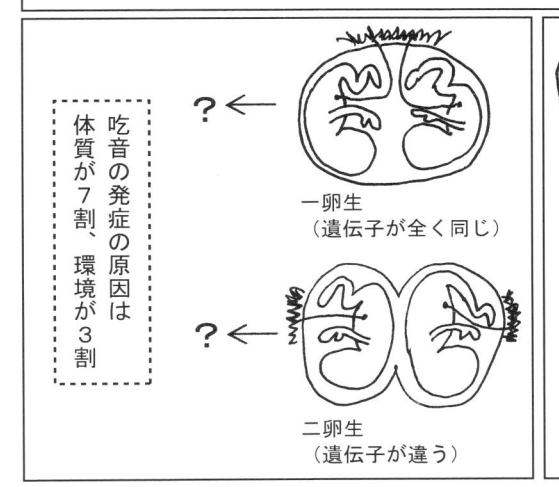

親の養育態度と吃音の発症は関係ない 吃音のある人は、家族にも吃音をもつ人が多い

そうだ！ 体質と環境との関係がわかる双子研究をしてみよう！

？ ← 一卵生（遺伝子が全く同じ）

？ ← 二卵生（遺伝子が違う）

吃音の発症の原因は体質が７割、環境が３割

左利きを矯正すると吃音になる？

1931年、オートンとトラヴィスは「大脳半球優位説」を発表した（1回175、3回174）。健常人は左半球優位で指令が1つしかないけれども、吃音のある人は両半球が同じ運動指令を、異なるタイミングで受け取るから吃音になるという説である。この「大脳半球優位説」から、「利き手矯正説」が生まれた。左利きを矯正された吃音のある人を元の左利きに戻したら、たまたま吃音が回復したからである。その経験があり、アメリカで利き手矯正をやめようという社会現象も起きたが、吃音になる人の数は減らなかった。吃音と利き手矯正について、上図で示すように、利き手矯正が吃音発症と関係ないことが証明されている。

その代わりとして、ジョンソンは1942年に「診断起因説」を発表した（1回175、3回174）。「吃音は子どもの口から始まるのではなく、親の耳から始まる。正常な非流暢性を"吃音"と決めつけ意識させることで、吃音が発症する」というものである。吃音を発症してからの親のかかわり方を教えてくれるもので、吃音は無理に矯正させることが、逆効果であるというものである。だが別の観点から、吃音の原因は100パーセント育ての親にあると誤解を与えてしまう可能性もあった。

下図は「診断起因説」の根拠を示している。「最初にどもっていることを気づいたときは、どんな特徴でしたか？」と質問したところ、吃音のある子の親の方が、吃音に特異的な非流暢性（音節の繰り返し、引き伸ばし、ブロック）（6回175、9回174、11回88）に多く気づいたのである。そのことから、親が気づいたから吃音になったのだ、という説明をした。その解釈は多くの反論が出た。親が気づく前から吃音になっていて、親が気づくか気づかないか関係ない、という反論があり、1970年代には「診断起因説」は海外で廃れていった。

利き手と吃音の有無の違い
（Johnson *et al.*, 1942: エビデンスレベルIVb）

	吃音群	非吃音群
人数（N）	46	46
左利き	13.0%	10.0%
両手利き	8.7%	13.0%
右利きに矯正	26.1%	30.4%

診断起因説の根拠：最初に子どもの非流暢性に気づいた人の割合
（Johnson, 1959）

	非吃音児 父親 （N=69）	非吃音児 母親 （N=80）	吃音児 父親 （N=143）	吃音児 母親 （N-146）
音節の繰り返し （特異的）	4	10	57	59
引き伸ばし （特異的）	3	4	15	12
ブロック （特異的）	0	0	3	3
単語の繰り返し	59	41	48	50
句の繰り返し	23	24	8	8
挿入	30	21	8	9

ポイント

・右利きに矯正することは、吃音になることと関係ない。
・吃音のある人が左利きまたは両手利きである割合が高いとは言えない。

吃音は意識させると治らない？

「吃音を意識させなければ治りますよ」と、ことばの相談を受ける人たちが使っていると聞く。意識させなければ治る率が上がるエビデンスはない。そして、「意識させないように」と聞いた親には真意が伝わっていないので、意識ということばの曖昧な範囲を使用するよりは、専門家として具体的な支援方法を伝えるべきである。上図に意識ということばの範囲を示すが、吃音のある子にとって悪いことは、話し方を矯正されたり、周りの人に真似されたり、からかわれたりすることである。「うまく話せない」「なんでつっかえるの？」と言われることは、吃音があれば当然言われるので悪いことではない。「意識させないように」とアドバイスを受けた親は、これらの訴えがあると、「意識してしまった」と誤解して、パニックになり落ち込むのである。

「なんでつっかえるの？」という子どもの純粋な質問を無視すると、「今の質問はしてはいけない質問だったのだ」と子どもは勘違いしてしまう。その結果「誰も助けてくれない」「1人で解決するしかない」とさらに思い悩むのである。子どもの話し方が「吃音」という名前であることを伝えても、子どもと吃音の話をするうえで、悪いことが起きることはない。周りの人が吃音を怖がっていると、本人も怖がってしまうのは当然の成り行きである。

下図が示すのは、驚くべきことに、2歳であっても半分以上の子が吃音を自覚しており、5歳で80パーセントの子が自覚していた（4回176）ことを下図は示している。そして、吃音のある子は、多かれ少なかれ友達に真似されたり、「なんで繰り返すの？」と必ず聞かれている。大人たちだけが「意識させないように」ということばを信じていたのでは意味がない。

「意識」という曖昧なことばが示す範囲

悪い	・話し方を矯正しようとする。 （ゆっくり話しなさい、言い直しさせる、深呼吸してなど） ・周りの人に真似される。
悪くない	・「うまく話せない」と訴える。 ・「なんでつっかえるの？」と質問する。 ・子どもの話し方が吃音であることを告げる。 ・親子で吃音の話をする。 ・セラピストと親が吃音のある子の前で吃音の話をする。

各年齢の吃音の自覚の割合
（Boey *et al.*, 2009: エビデンスレベルIVb）

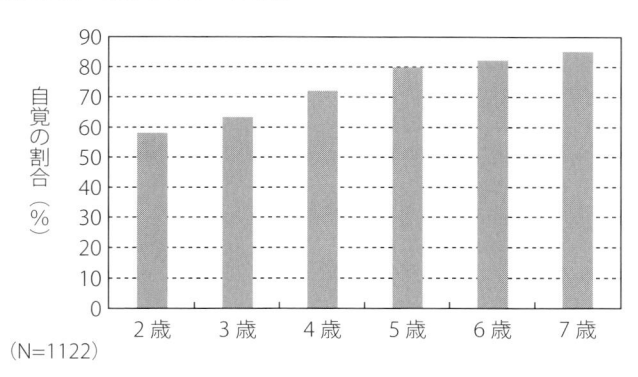

年齢	自覚の割合（%）
2歳	58
3歳	63
4歳	72
5歳	80
6歳	82
7歳	85

(N=1122)

ポイント

・2歳でも半数以上が吃音を自覚している。
・吃音を意識しても回復する人が多い。
・「意識させない」とアドバイスすることは、的確ではない。

日本の吃音の歴史

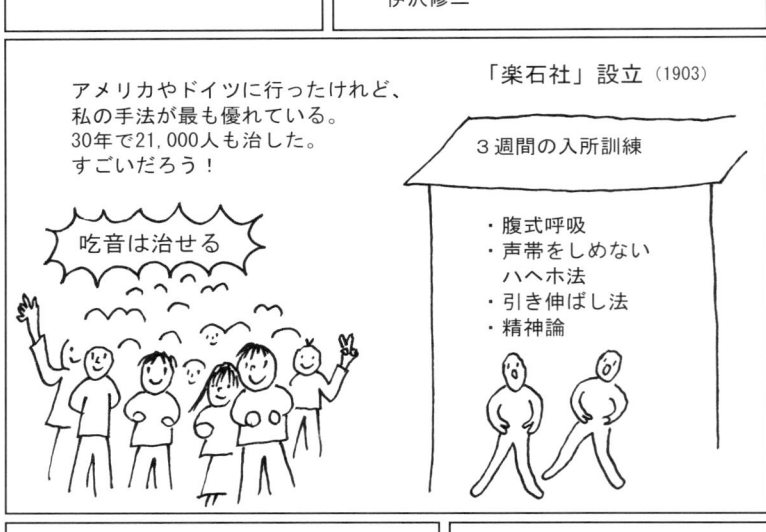

弟が吃音で困っていた

「ににににに兄さん…」

伊沢修二:「何とかしてやりたい」

「吃音矯正所を立ち上げよう！吃音は声帯の悪習慣 真似をして伝染したことが原因だ」

「楽石社」設立 (1903)

「アメリカやドイツに行ったけれど、私の手法が最も優れている。30年で21,000人も治した。すごいだろう！」

吃音は治せる

3週間の入所訓練
・腹式呼吸
・声帯をしめない ハヘホ法
・引き伸ばし法
・精神論

「吃音を治してこい」

自己嫌悪

しかし、もとの生活に戻ると……

吃音は簡単に悪化

第2章 吃音の歴史

言友会

努力しても吃音は治らない
どもったままでも自分のしたい行動をする
「どもってもいいんだよ」

教科書に書いてある言語療法をしても、吃音者は満足しない。

古い教科書を燃やして
新しい治療法を
考えよう。

都筑澄夫

1976年
「吃音者宣言」

「メンタルリハーサル法」

吃音は感情（情動）に一番左右される。直接に話し方の指導をせず、子どものころからの体験を、良いイメージに置き換えることにより、吃音は軽減するし、治った人もいる。

私の考え

過去からの吃音体験（感情）（情動）の共感＋
自己肯定感を育てる＋言語療法
をするのが良い。
言いたいことを伝え、やりたいと思う行動をするのが大事。

100年前の日本は世界一の吃音治療大国だった

日本で最初の吃音矯正所は、1903年に伊沢修二が作った楽石社である。伊沢が吃音について発見したことは2つある。1つ目は、構音（口や舌の動き）を必要としない母音でも吃音が生じるので、吃音は口の中に原因があるのではなく、声帯が原因である。2つ目は、母音を長く伸ばすとどもらなくなる（歌ではどもらないのと同様に）。日本語は子音＋母音なので、軽く子音をつけて、母音を引き伸ばす方法を行なった（9回176）（上図）。楽石社は国（内務省）から莫大なお金を寄付されていた。またアメリカとドイツで、まだ行なわれていない伊沢の手法を紹介していた。その治療成績も良く（下図）、日本はかつて世界一の吃音矯正大国だったと言える。

だが、吃音当事者はまったく満足していなかった。楽石社は「吃音は治る」と主張し、3週間の慣れた場では一見治ったようにみえた。引き伸ばし法の問題点は、日常生活での仕様に違和感があり、恥ずかしくて使えないことである。また、一度もってしまうと、容易に吃音が再燃してしまうのである（9回176）。

したがって、吃音のセルフヘルプグループ「言友会」は、社会の常識とされた「吃音は治るもの。治さないといけない」というプレッシャーに対し、「吃音者宣言」を打ち出したのである。吃音治療が盛んだったからこそ、「吃音者宣言」が出たのは、必然だったと私は考えている。

では、言友会は、すべての吃音のある人を満足させているかと言えば、そうではない。やはり、今の吃音を少しでも軽減したいと思っている人は少なからずいる。そのために、吃音の知識をもったセラピストが必要なのである。2011年アカデミー賞受賞映画『英国王のスピーチ』（吃音に悩む英国王ジョージ6世が王になるまでを描いた実話に基づく映画）に出てくる、吃音者に伴走できるセラピストが必要とされているのである。

52

楽石社での吃音矯正（3週間の集中訓練）

①呼吸練習
　―腹式呼吸（横隔膜を強くする）
②発声練習
　―ハヘホ法（声帯を締めすぎない）
　―引き伸ばし法（各語の子音を母音化し、続いて各子音に適当な母音を加え、発音する練習）
③精神強化訓練
　―「死をかけても、吃音を全治しなければならぬと決心すること」

楽石社での吃音全治者の数
（呉, 2004）

年	全治者数
開設3年（1906年）	1,000
7年	2,000
9年	2,984
14年	5,000
19年	8,618
30年（1933年）	21,621

ポイント

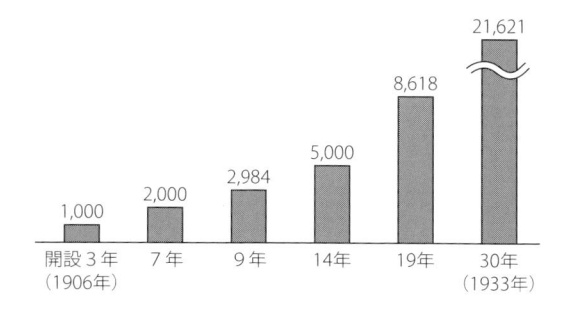

・伊沢修二は声帯の役割を見抜いていた。
・話し方のテクニックは実践では使えない。

日本独自のメンタルリハーサル法

目白大学の都筑澄夫先生は、言語聴覚士になりたてのころ（1979年）に、当時吃音治療法とされていたリズム発話法などを用いて、吃音を治そうとしていた。しかし、1人も治らず、紹介してくれた医師に「紹介した吃音の人は、1人も治っていないではないか！」と怒鳴られた。そして、当時の吃音の教科書（バンライパーの本以外）をすべて焼いて、新しい治療法を考えだそうとしていた。

上図にメンタルリハーサル法の概略を示す。リラックスした状態で、幼少のころから現在まで、うまくできていた記憶を頭の中で描くことである。そして、メンタルリハーサル法の技術的なことだけに重点をおいているのではなく、「吃音にとって悪いこと」をしないように忠告している。その悪いことというのは、「話す前の予期不安」「失敗の反芻」「吃音があるからといって回避していたことをやめ、苦手なことばを言い換えること」など、吃音を隠す努力全体である。この結果は下図にあり、約3分の1の人には効果がなかった。

このメンタルリハーサルの適応年齢は、小学校3年生以上で、訓練期間の平均は22か月である。つまり、イメージがうまく描ける必要があり、即効性は期待できない。しかし、発話のテクニックを教えなくても、吃音が軽減できることをメンタルリハーサル法は証明した。第4層まで吃音が進展した人にとって、吃音を大きく左右することは、話し方ではなく、感情・情動なのである。まだ、この手法はエビデンスレベルVであり、ランダム化比較試験（エビデンスレベルII）の研究デザインで英語論文にできれば、世界的に注目を浴びる可能性を秘めている方法である。

メンタルリハーサルの基本的内容の説明
（都筑, 2008）

①頭の中で場面の映像を描き、この中ですべてを行なう。
②幼少時から現在まで、経験した否定的な感情の場面を対象にする。その場面で自分の行動や周囲とのやりとりがうまくできている映像を描く（系統的脱感作）。
③"自然な発話"を頭の中で、リハーサルする。
④これらを全身がリラックスした状態で行なう。

メンタルリハーサル法の自覚的評価
（都筑, 2002: エビデンスレベルⅤ）

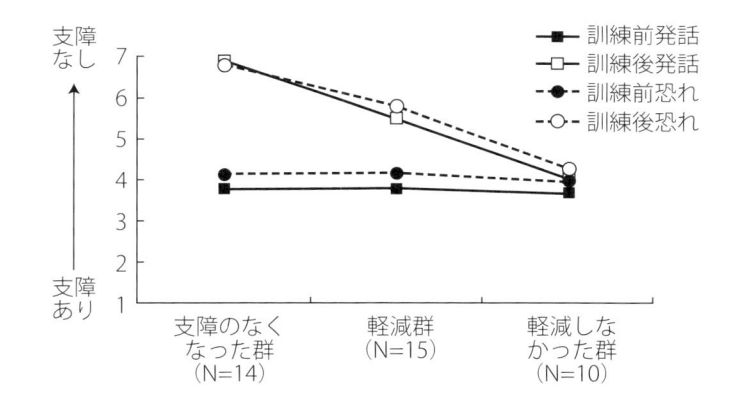

凡例：
- ■ 訓練前発話
- □ 訓練後発話
- ● 訓練前恐れ
- ○ 訓練後恐れ

縦軸：支障なし(7) ～ 支障あり(1)
横軸：支障のなくなった群（N=14）、軽減群（N=15）、軽減しなかった群（N=10）

ポイント

- メンタルリハーサル法で3分の1の人は、自覚的に吃音が消失する。
- メンタルリハーサル法で3分の1の人は、吃音が軽減する。
- メンタルリハーサル法で3分の1の人は、効果がない。

コラム2　バンライパーの最終的な考え(9)（1991年）

　私（バンライパー）は何千人の吃音者を知り、吃音そして私自身のことを研究してきた。私は吃音の研究をして、多くのことを書き、世界中のほとんどの文献を読んだ。さまざまな種類の治療を試みて、助けた人もいれば、そうではない人もいた。それで、私の吃音についての最終的な結論は、以下のようなものである。

・吃音は、発話に必要な複雑な運動のタイミングの少しの「遅れ」と乱れからなる。
・これらの「遅れ」の通常の反応は、自動的な語の一部の繰り返しか、引き伸ばしである。
・遺伝、またはまだわかっていない脳機能のためか、ある子どもたちはこの遅れを多くもつ。
・多くのどもりだした子どもは吃音から回復する。
・欲求不満や罰を恐れて、回避や随伴症状をする人は、どんな治療法をもっても、生涯どもり続けるだろう。
・その回避や随伴症状は学習されたもので、変えたり、忘れることができるのである。しかし、「遅れ」は変えられない。
・持続した吃音者のセラピーの目標は、吃音軽減や吃音を0にすることにすべきではない。
・流暢形成法において、容易に吃音のない状態にできるが、その状態を維持することは不可能である。
・吃音者は既に流暢にする方法を知っている。吃音者が知らないことは、「どうやってどもるか」である。とても短く、楽にどもることを教えることはできるので、十分なコミュニケーション技術をもつことができる。その上、回避や随伴症状がなくどもれるとわかったとき、多くの欲求不満や他の負の感情は弱まるだろう。

第3章
ライフサイクル上の吃音問題と支援

吃音支援はまず親支援である

親は自分の子どもの吃音が心配で来院する。親の関心が子どもの吃音だからといって、子どもにだけアプローチすればいいわけではない。むしろ、まずしなければならないことは、親に自信をつけることである。親が自信をもって子どもと接すれば、必ず子どもも自分に自信をもつ。例として、スポーツクラブの監督が自信をもち、的確に選手と接していれば、選手も自信をもつ。しかし、自信のない監督が、あれこれ気分により方針を変えていたら、選手も自信がなくなる。

上図は、吃音の発症の様式である。急に発症するタイプや、3週間以上かかって徐々に発症するタイプもあり、吃音は一様ではない。特に、急に発症したときは、その直前にした行動と結びつけ、「自分がイライラして怒ってばかりだったから」「美容室に行くときに預けたから」などと、罪悪感をもっていることが多い。その際に、「吃音(1)の子は、約4割は急に発症するものです。前日まで普通に話していたのに、次の日からどもりだすことはよくあります。親は変な負い目をもつ必要はありません。今後、子どもにとって良い環境を作っていきましょうね」と私は説明して、親が原因ではないことを伝えている。

また、下図の親の障害受容の5段階説（ショック、否認、悲しみと怒り、適応、再起）(2)を少し頭に入れておくと、必ずしも「吃音は治らない」とはじめに伝えることが正解ではないことがわかる。ショック期・否認期だから「治りますか？」と聞くのである。黙って、その本心を深く傾聴し、あなたは悪くないと、客観的事実を添えることも重要である。つまり小児の場合に最初にすべきことは、親支援である。親が安心すると、子どもの吃音が軽減することは、臨床の現場ではよくある。

吃音発症の様式
（Yairi and Ambrose, 2005: エビデンスレベルIVb）

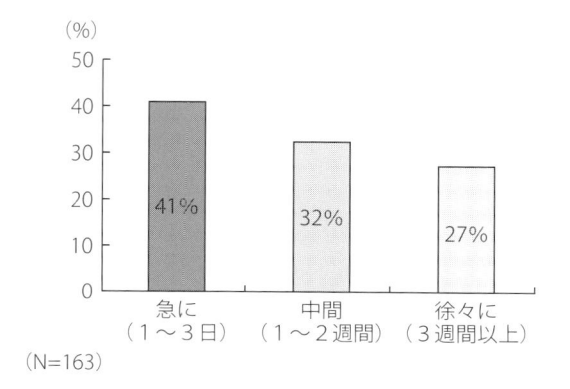

(%)

急に（1～3日）: 41%
中間（1～2週間）: 32%
徐々に（3週間以上）: 27%

(N=163)

先天性奇形のある子どもの誕生に対する正常な親の反応を示す仮説図
（Drotar *et al.*, 1975）

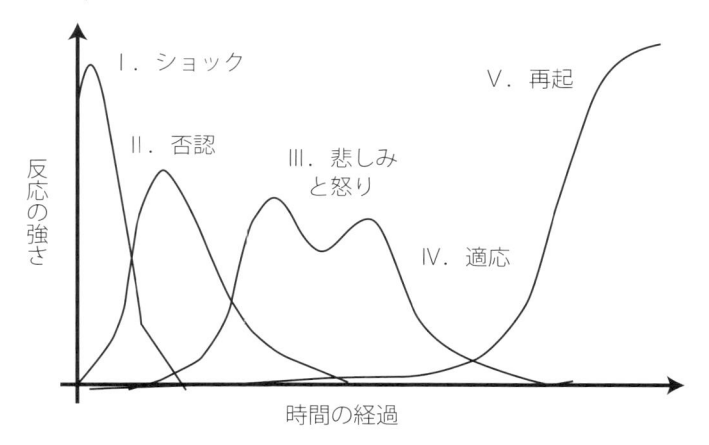

Ⅰ．ショック
Ⅱ．否認
Ⅲ．悲しみと怒り
Ⅳ．適応
Ⅴ．再起

反応の強さ

時間の経過

ポイント

・41パーセントの子は急に吃音を発症する。
・親が子の吃音を認めるには時間がかかる。

バンライパーから学ぶ良いセラピストになる3つの条件 (3)

① 共感性

吃音診療はテクニックの有無ではなく、人間と人間の接する基本、コミュニケーションの基本姿勢をもつ人が向いている。吃音は感情（情動）と深くかかわっており、自分の感情を理解してもらい、自分の感情を言語化することで、吃音の悩みは軽減する。脳科学でも証明されていることである(4)。26～29ページに記載してある吃音者の典型的な思考回路を理解しておくと、必ず吃音の人の話が聞け、共感できるようになる。

② 温かさ

共感ができると、吃音のある人は自己肯定感と意欲がもてるようになる。そして、回避していた行動に対して取り組んでみるように温かく促してみる。好循環が回りだすと、驚くほど吃音のある人の表情の変化が実感できるだろう。吃音があるから「できない」と思って回避していた行動を分かち合い、さらなる行動を促す。そして、「できた」ことがあれば、一緒に喜び共感して、温かく応援するだけでも、立派な吃音治療であると私は考えている。

③ 誠実さ

吃音のある成人に「同じことばをそんなに繰り返さなくていいんじゃない？」「手や足でリズムを取ったりしなくても話せるんじゃない」と私は正直に言うこともある。吃音の指摘をすると本人が傷つくのではないかと心配するセラピストもいるが、変えられる吃音と変えられない吃音のエビデンスを知るべきである。また、臨床の限界も誠実に話す。セラピストは神様ではない。そのことは吃音のある人、親もわかっている。できる限り誠実に向き合えば、誰もセラピストを責めないものである。

〇 目標は感情を理解し、回避を減らすよう励ますことです

吃音を治したい

この手法で少し楽に話せるけど、一番大事なのは行動することです

失敗した どもったよ……
ガックリ…
どうだった？ 無事発表できた？

どもったけど、やり遂げたの？頑張ったね

自己肯定感UP!!

× 目標は吃音頻度を0にすることではない

吃音を治したい

この方法を使えば大丈夫

失敗した どもったよ……
ガックリ…
どうだった？ テクニック使えた？

やっぱり吃音は難しい
・・・。

ドンヨリ
吃音を治したい

学校生活での問題と配慮

吃音のある人に対して、一番配慮してほしいのが朗読（本読み）である（上図）。約半数の吃音のある人が配慮・支援を求めている。なぜ朗読が一番苦手なのか？ いくつか回答を挙げてみよう。「ことばがつまって笑われた経験があるから」「ことばを置き換えられないから」「ことばがつまっていると漢字が読めないと勘違いされるから」「読めるのが当たり前で、頑張って読んでもほめられないから」などであろう。

また、中学生になると、自己紹介を各教科の初回にすることが多く、吃音のある人にとって新学年の4月はストレスを感じる時期である。それに対して、会話はほとんど困っていない。つまり普段は吃音を気にしていないけれど、朗読、発表、劇、号令、自己紹介、返事、電話などの場面で置き換えられないことばを使うときに、吃音のある人は困るのである。

下図の具体的な支援から、余計な気遣いはせず、吃音があっても、話し終わるまでゆっくりと待つことがいいと示されている。吃音は、初めのことばのタイミングがうまく合わない内的タイミングの障害である。このことから、2人で声を合わすとどもらなくなる（斉読）ことを利用して、2人読みを取り入れたり、号令を2人で言ったりするなどの配慮が功を奏している話を聞く。吃音が出るのは90パーセント語頭（3回175）なので、本読みや自己紹介で、最初だけ手伝ってあげることも有効である。

吃音のある人は一人ひとり違うが、「吃音のある子と直接話し合う」ことは、多くの人が望んでいることであり、朗読などで苦労している生徒がいれば、声をかける必要がある。

学校生活で、教師に配慮・支援を望む事項
（見上・森永, 2006改: エビデンスレベルIVb）

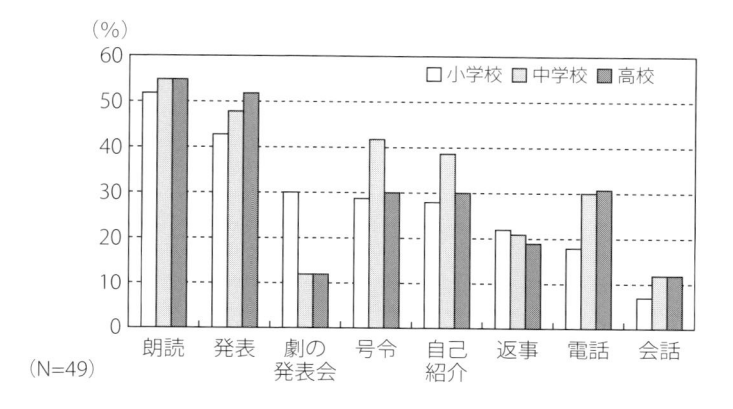

グラフ：朗読、発表、劇の発表会、号令、自己紹介、返事、電話、会話（小学校・中学校・高校別）
（N=49）

授業中にしてほしい支援
（中川・小林, 2008改: エビデンスレベルIVb）

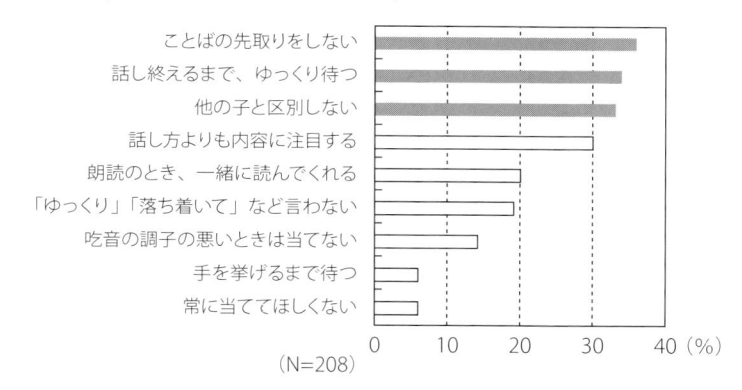

グラフ項目：
- ことばの先取りをしない
- 話し終えるまで、ゆっくり待つ
- 他の子と区別しない
- 話し方よりも内容に注目する
- 朗読のとき、一緒に読んでくれる
- 「ゆっくり」「落ち着いて」など言わない
- 吃音の調子の悪いときは当てない
- 手を挙げるまで待つ
- 常に当ててほしくない

（N=208）

ポイント

・学校生活では、朗読・号令・自己紹介などが吃音のある子の共通の悩みである。
・吃音の支援は、吃音を理解し、待ってくれることである。

からかい・いじめの配慮

上図のように、一番配慮をしてほしいのが、吃音のからかいである。次に多いのは、先生の吃音の理解である。吃音のある人が、中学校に入って、難発性吃音で話すのに時間がかかったり、声が小さかったりする場面で、担任の先生から「○○は暗いなぁ」と言われたそうだ。すると、それ以降クラスのみんなからのいじめが始まったという。先生の一言はとても影響力がある。先生が吃音のある子をからかうと、子どもたちはからかっていいんだ、と誤解する。逆に、先生が吃音を理解し、毅然とした態度で、「吃音のからかいはやめなさい」と言えば、からかいはなくなる。からかい・いじめを受けると、精神的に大きな負担になる。自己肯定感が低く、落ち込みやすく、孤独で不安で臆病になり、学業不振や不登校にもなることが報告されている。

下図はいじめの発見のきっかけである。小中学校で先生がいじめを発見する確率は、約20パーセントである。つまり、残りの80パーセントは、先生が気づいていないことになる。

先生がいじめの授業を行ない、「いじめとからかいの違いを明確に子どもたちに教える」ことと、「いじめが起きたら先生に知らせる」ことを伝えることによって、いじめは50パーセント減ると言われている。他の生徒からのいじめの発見は、約5パーセントと低いのが現状である。

セラピストの役目としては、まず学校の先生に、吃音の知識を伝え、吃音のある子と一緒に考えたいろいろな方法をロールプレイしたり、吃音の公表（カミングアウト）の仕方を考える。たとえば、ビデオ制作して、クラスのみんなに吃音を知ってもらうことも有効との報告がある。

対人関係において、教師に配慮支援を望む事項
（見上・森永, 2006改: エビデンスレベルIVb）

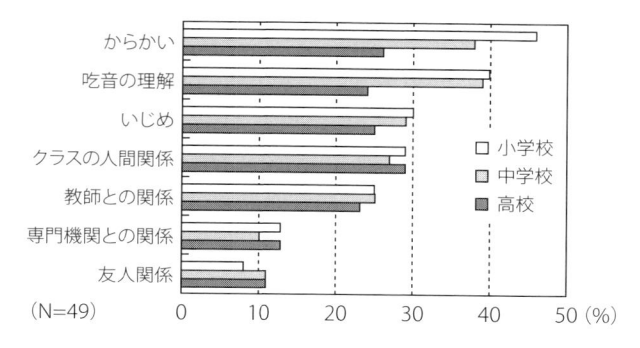

項目	小学校	中学校	高校
からかい			
吃音の理解			
いじめ			
クラスの人間関係			
教師との関係			
専門機関との関係			
友人関係			

(N=49)

いじめの発見のきっかけ
（文部科学省, 2009: エビデンスレベルIVb）

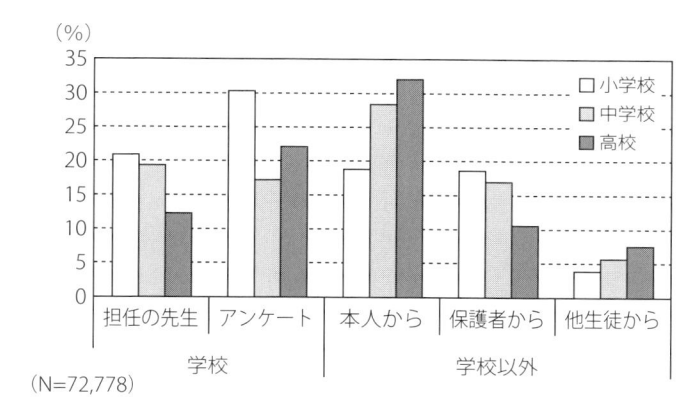

学校：担任の先生、アンケート
学校以外：本人から、保護者から、他生徒から

(N=72,778)

ポイント

・吃音のある人の約半数はからかいへの配慮を望んでいる。
・学校の先生や友達は意外にも助けてくれない。
・いじめは自分から助けを求めないと解決しない。

からかい・いじめの対処を考える

普通の子と違う特徴のある子に「どうして?」と尋ねるのは、一般的な反応である。生まれつき手足がなく電動車椅子に乗っている乙武洋匡氏の話を紹介する。彼は、幼稚園に入園して、みんなに「どうして、どうして?」と質問責めにあった。すると、「ママのお腹の中にいたときに病気になって、それでボクの手と足ができなかったんだ」と説明していた。すると、子どもたちは「フーン」と納得して、それ以降仲の良い遊び友達となった。

周りの子は吃音をからかう前に、吃音に気づく過程がある。吃音に気づいた子どもを否定するのではなく、受け入れて、相手を尊重することが大事である。診断起因説(46ページ参照)の影響で、日本ではまだまだ吃音のことをオープンに話せていない。「なんで、ボクはことばがつっかえるの?」という質問に対して十分に応えてあげられない現状がある。すると、吃音のある子は、1人で悩みを抱えて生きていかなければならない。そして、「どもりたくない」と必死で吃音を隠し、吃音を指摘されると、自己嫌悪に陥る。必ず「吃音のあるあなたは悪くない」ということを伝える必要がある。

吃音の質問をした子に、正確な吃音の原因を説明する必要はないし、正確な事実を教えることはない。以下は、「どうして、同じことばを繰り返すの?」という質問に、私が考える答え方の一例である。

「急いでいると、つっかえるんだ」「そうだよ、ボクは時々どもるんだ」「覚えている昔からどもっているんだ」「なんでだと思う?」「ボクだけでなく、つっかえる人はたくさんいるよ」「癖なんだ」「きつおんという癖なんだ」

これでうまくいったよ、このニュアンスは違うんじゃない、別の言い方があるよ、という話があれば、私にメールをください。まだ試行錯誤です。

第3章 ライフサイクル上の吃音問題と支援

○ 堂々と答える	× からかわれるのを無視する
なんで、き、き、き、きくちってなるの？	なんで、き、き、き、きくちってなるの？
昔からこんな話し方なんだ	･･･｡
き、き、きくちくん	ムシするなよ き、き、きくちくん
いじめ甲斐がないなぁ　やーめた／それで？悪い？	うえーん!!

67

不登校（中1ギャップ）

吃音のため不登校になったという統計は初年度はないが、特に環境が変わる初年度は要注意である。上図を見てもわかるように、小学校から中学校に上がると、急に不登校の生徒が増加する。中学校1年生になると前年度に比べて約3倍もいじめが増えるデータもある。「中1ギャップ」とは、不登校やいじめが増えるギャップと、小中学校間の学校制度と先生の指導体制（中学校では各教科ごとで先生が変わる）のギャップを合わせた用語である。全国の小学校にことばの教室が存在するが、中学校にはほとんどない。

下図で示すように、中1ギャップの解消の1つの手として、「小中学校間の緊密な連携体制の確立」がある。小学校で吃音をみていたセラピストは、少なくとも中学1年生の担任の先生には、吃音の情報提供をしなければならない。それだけでも、多くの吃音のある子は救われる。もちろん、「高1ギャップ」ということばもある。

吃音のある子に特徴的な、不登校につながる原因は2つある。1つは、吃音のからかい・いじめに対処できないことである。それらの原因により、自己肯定感は低くなり、学校へ行くことへの不安が強く、学校へ行くことの回避、つまり不登校に陥る可能性がある。その対処の仕方はこれまでに述べた（66ページ参照）。

もう1つは、学校での本読みのストレス（3回176）を上手に対処できないことである。つまり、仲の良い友達もおらず（吃音のからかい・いじめがある）、本読みもしたくない（学校の先生が、吃音で苦労していることを知らない）のであれば、学校に行くのを回避（不登校）したくなるのも仕方がないことである。吃音のある子に対して最も支援が必要な問題の1つである。

不登校の割合
（文部科学省, 2009: エビデンスレベルIVb）

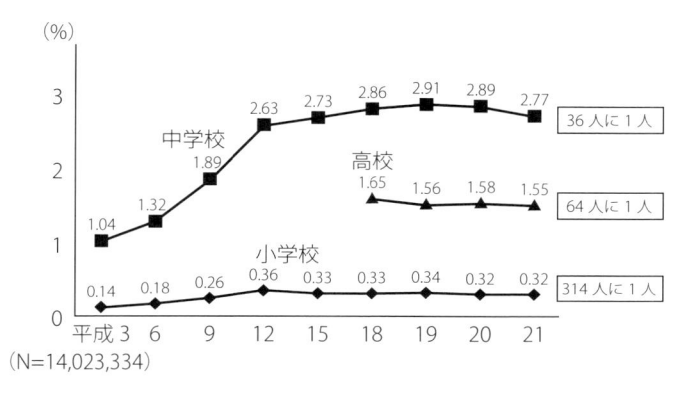

年（平成）	小学校	中学校	高校
3	0.14	1.04	
6	0.18	1.32	
9	0.26	1.89	
12	0.36	2.63	
15	0.33	2.73	1.65
18	0.33	2.86	
19	0.34	2.91	1.56
20	0.32	2.89	1.58
21	0.32	2.77	1.55

- 中学校：36人に1人
- 高校：64人に1人
- 小学校：314人に1人

（N=14,023,334）

中1ギャップの発症とその解消
（新潟県教育庁義務教育課, 2008）

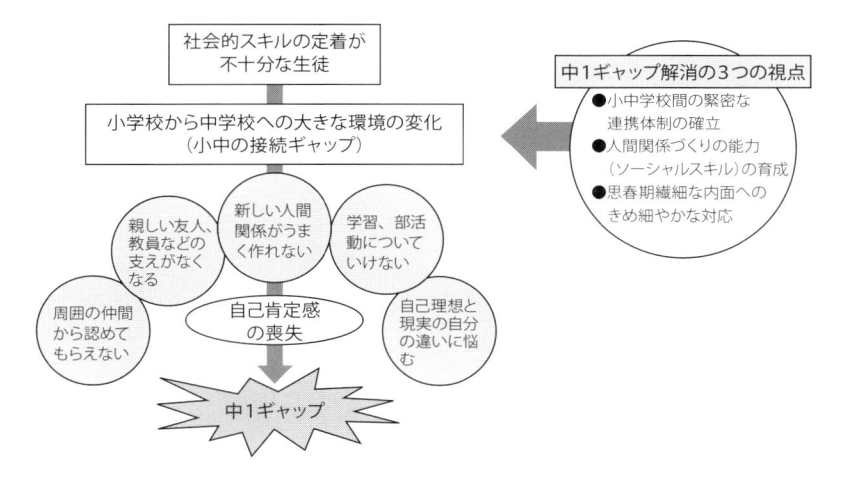

- 社会的スキルの定着が不十分な生徒
- 小学校から中学校への大きな環境の変化（小中の接続ギャップ）
  - 親しい友人、教員などの支えがなくなる
  - 新しい人間関係がうまく作れない
  - 学習、部活動についていけない
  - 周囲の仲間から認めてもらえない
  - 自己理想と現実の自分の違いに悩む
  - 自己肯定感の喪失
- → 中1ギャップ

中1ギャップ解消の3つの視点
- 小中学校間の緊密な連携体制の確立
- 人間関係づくりの能力（ソーシャルスキル）の育成
- 思春期繊細な内面へのきめ細やかな対応

ポイント
・中学校の不登校は急に増えている。
・吃音は小学生のときだけ、支援すればいいわけではない。

ソーシャルスキルが及ぼす吃音の程度

中1ギャップの解消の1つに、ソーシャルスキル（社交技術）の育成がある。ソーシャルスキル（上図）。吃音があっても、堂々としている人もいれば、とても悩んでいる人もいる。ソーシャルスキル）の関係を資料144ページの「児童用主張性尺度」を用いて調べた研究がある(17)（下図）。それによると、自覚的に吃音が軽度と思っている人は、主張できる傾向があり、自覚的に吃音が重度と思っている人は、主張できない傾向がある。

具体的には、「あなたは、おもちゃをかしてほしいと言われても、かしたくないときは、ことわれる」「あなたは、どうしていいかわからないことは、はずかしがらないで、友だちにそうだんする」など、友達や先生などに自分の意見を言える尺度である。

断るだけではなく、「あなたは、友だちが良いことをしたら、いつも『えらいね』とほめてあげる」のように、ほめたり感謝することも自己主張と言える。「ありがとう」ということばだけでも十分である。また、自分がほめられた経験が少ないと、他人をどうほめていいかわからないということからも、私は親に対して子どもをほめることを勧めている。吃音のある人は、優しい人が多い。逆に言うと、自分勝手な振る舞いをしている吃音のある人は、あまり吃音に悩んでいないのだろう。

吃音のある人の約40パーセントは社交不安障害に陥るというデータがある。小学生からの自己主張（ソーシャルスキル）が正しくできることは、中1ギャップを乗り越え、社交不安障害になりにくい要因となるのではないかと私は考える。セラピー室で、自己主張のロールプレイを取り入れることも、吃音のある人にとって必要である。

70

基本の12スキル
（小林・相川, 1999）

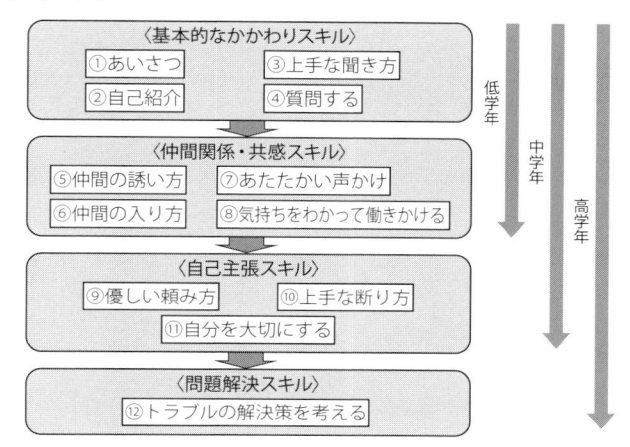

〈基本的なかかわりスキル〉
- ①あいさつ
- ②自己紹介
- ③上手な聞き方
- ④質問する

〈仲間関係・共感スキル〉
- ⑤仲間の誘い方
- ⑥仲間の入り方
- ⑦あたたかい声かけ
- ⑧気持ちをわかって働きかける

〈自己主張スキル〉
- ⑨優しい頼み方
- ⑩上手な断り方
- ⑪自分を大切にする

〈問題解決スキル〉
- ⑫トラブルの解決策を考える

低学年 → 中学年 → 高学年

自覚的吃音重症度と児童用主張性尺度
（松尾・見上, 2009: エビデンスレベルⅣb）

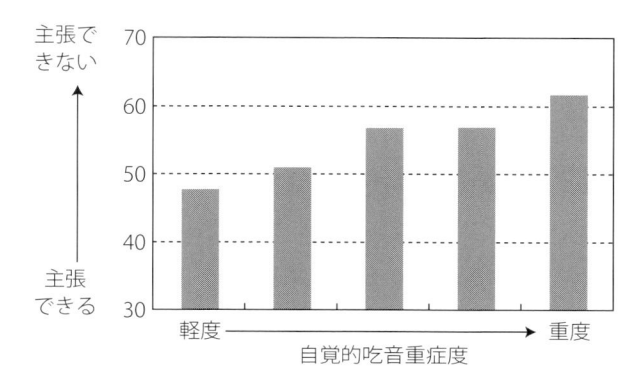

縦軸：主張できない（70）〜主張できる（30）
横軸：自覚的吃音重症度（軽度 → 重度）

ポイント

- 自覚的に吃音が重症と考えている人は、自己主張ができない。
- 自覚的に吃音が軽症と考えている人は、自己主張ができる。

仕事と吃音

幼児から高校生まで、うまくいっていた人でも、大学に進学して就職がなかなか決まらず、吃音の相談に来ることがある。上図は大学・短期大学への現役進学率である。相談に来る大学生の親の時代は大学の進学率が約30パーセントだが、現在は高校を卒業したら、半数以上は大学に進学する。下図は大学4年生の秋の時点での就職内定率である。[19] 6割前後の内定率であり、吃音があろうがなかろうが就職難であることは間違いない。「吃音があるから就職できない」と言えないことは、過去の吃音の先輩たちが実証している。

セラピストとしてできるのは、就職活動を継続することを励まし、支援していくことである。本番で吃音を0にすることは難しい。吃音を公表すべきか考え、面接をイメージしたロールプレイが好ましい。

海外では吃音のある人に対して、差別を禁止する法律がある。アメリカでは2009年にADA改正法が制定され、イギリスでは2010年に平和法が制定され、吃音のある人は仕事をする上で法的に守られるようになっている。日本の同様な法律の障害者基本法では、問題点として障害者の行政サービスは記載してあるが、差別に関しては記載されていない。

話すことに関して仕事上で不当な対応を受けている場合は、専門家として意見書（診断書または配慮事項）を出すと、配慮されることが多い。まだ吃音はただの癖や精神的なものであるから、努力をすれば解決すると考えている人たちが多い。かつて、「うつ病は怠け病」と世間が誤解していたが、今はうつ病だと、「頑張れ」は禁句だと啓発されている。同様のことが吃音にも言えるのである。仕事の上でも、周りの人から「どもってもいいんだよ」と思われることが、吃音のある人にとって一番の幸せであり、吃音が軽減する要素である。

大学・短期大学などへの現役進学率
（文部科学省，2011: エビデンスレベルIVb）

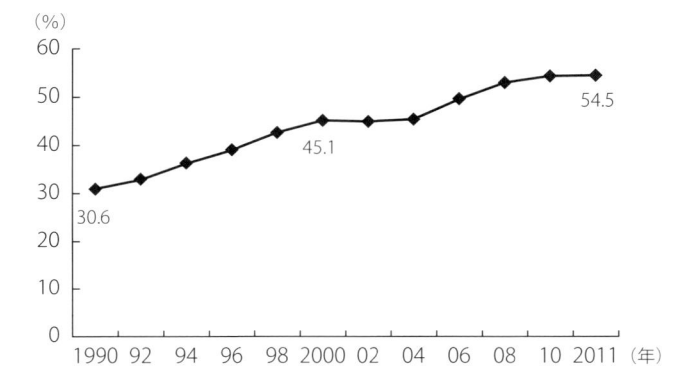

（%）
- 1990: 30.6
- 2000: 45.1
- 2011: 54.5

10月時点の大卒の就職内定率
（厚生労働省，2011: エビデンスレベルIVb）

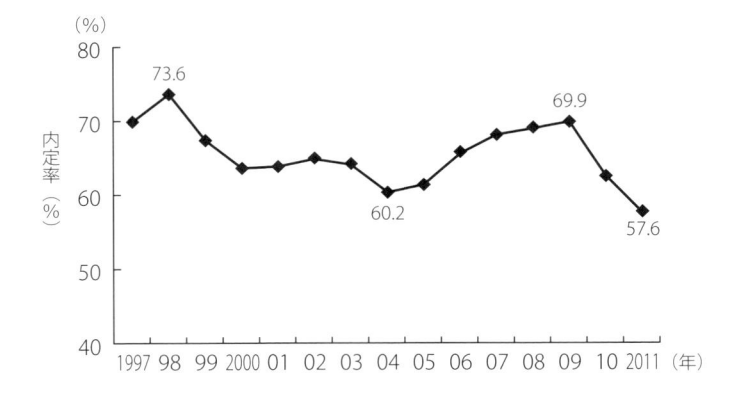

内定率（%）
- 1998: 73.6
- 2004: 60.2
- 2009: 69.9
- 2011: 57.6

ポイント

・大学の進学率は、20年前と比べて、2倍弱である。
・普通の人でも就職難な時代である。

コラム3　江坂パワーで乗り切る

　ことばの教室の先生だった長崎県佐世保市の江坂園江先生とは10年来のお付き合いである。吃音を勉強しようと、全国の吃音の勉強会に参加して、吃音のある子にどんな支援ができるのか、勉強を重ねてきた先生である。そして、退職した現在も、佐世保市を中心にして、長崎県内のことばの教室に通級している吃音のある子どもとかかわり、支援を続けている。個別の指導の他にグループ学習も必要というのが先生の思いである。2か月に1回グループ学習を行ない、子どもたちは「自分は1人ではない」と実感し、どもりながらも自分の意見を言う経験を積んでいっている。グループ学習は、1対1の指導では得られない大切な場である。そして先生は、指導の最後に「パワーを送るよ」と言って、子どもたちにパワーを送っている。次回、「先生のパワーが効いて発表できたよ」と、喜んで報告してくる。

　吃音のセラピーは、訓練室の外までもっていけるものが好ましいと私は考えている。多くの言語療法は訓練室のみの効果であり、一歩外に出ると、効果がなくなる。学校では1人で発表する機会が多いが、「江坂パワー」を受けた子どもは、自分を見守ってくれる存在を感じているから、発表できるのだと思う。バンライパーのいう「温かさ」のある吃音支援である。江坂先生に見習い、私は吃音のある人と話した後は、握手をしながら、「きっとできるよ」と励ましている。吃音の支援は、最も人間味のある支援が必要だと考えている。江坂先生は指導した子どもが小学校を卒業して、中学、高校、大学、社会人になっても継続してかかわり続けている。吃音のある人は常に新しい環境にうまく適応できるかが、その後の生活を左右する。アカデミー賞作品『英国王のスピーチ』の言語聴覚士ローグのように、吃音のある人の近くで支援してくれる人がいることが、吃音のある人にとって一番大切なことである。

第 4 章

吃音頻度を軽減させる方法

吃音検査法

吃音の現場で一番問題だと思うことは、吃音検査法が30年前のままで誰でも気軽に評価できないことである（左図）。日本は30年前に海外の評価方法を取り入れたが、外国は評価方法を改訂しているのに対して、日本はその流れから取り残されている。吃音の特徴として特異的なものは、音節の繰り返し、引き伸ばし、阻止である。より簡易に吃音の状態を評価できることは、吃音診療を始める意欲にもつながる。日本は吃音の専門家が少なかったのでやむ得ないが、吃音検査法の改訂は今後の課題である。

日本では、検査項目に、自由会話（5回175）・課題場面（絵単語呼称［5回175］・説明・創話・質問応答［5回175］・音読）などがある。自由会話では評価できないが、音読検査において、一貫性効果・適応効果、そして予期がわかる（12回88、13回187）。苦手なことばのあることが吃音のある人の本質だから音読検査は必要である。

日本音声言語医学会が勧める音読の題材の1つにジャックの豆の木があり、資料に掲載している（145ページ参照）。私の個人的な経験であるが、小学校低学年で吃音の相談に行ったときに、たくさん遊んだあと、なぜか自分の教科書が机の上に置いてあり、「では、この教科書を読んでください」と言われたときはショックを受けた。「なぜここで自分の苦手な本読みをしないといけないのだろうか」と言って、その後行かなかった。私はその経験から、初回面接のときは「自宅で本読みをしている所をホームビデオで撮影してきてください」と親に言っている。セラピストの前で、初めて本を読んだときと比べて、吃音が軽減しても、親は満足しない。親は家庭での吃音の状態しか知らないからである。セラピスト1人が満足する言語療法よりは、本人、親が満足する支援を考えることが重要である。

日本と外国の吃音検査法の違い

	日本	外国（英語圏）
検査法	吃音検査法（1981年）	吃音重症度検査SSI-4（2008年）
対象	幼児、学童、成人（中学生以上）	幼児、学童、成人
検査項目	自由会話・課題場面・説明・創話・質問応答・音読	自由会話、絵の説明、音読
評価項目（言語症状）	繰り返し、引き伸ばし、阻止、とぎれ、歪み、強勢、準備、異常呼吸、言い間違い、言いなおし、挿入、中止、間、速度変化、大きさ・高さ・残気発語	繰り返し、引き伸ばし、阻止、吃音持続時間、発語の自然さ
評価項目（言語症状以外）	随伴症状（構音・呼吸器系の随伴緊張・運動、顔面・首・頭に現れたもの、体幹の運動、手足の運動）、解除反応、助走、延期、回避、情緒反応	随伴症状（注意をそらす音を立てる、顔・口の変化、頭の動き、手足の動き）
吃音頻度の算出	「文節」単位で発話数を数え、$$吃頻度＝\frac{吃回数}{総文節}$$	「音節」単位で発話数を数え、$$吃頻度＝\frac{吃回数}{総音節}$$
問題点	日本語は音節が多く、海外と同じ算出方法だと、日本人は皆吃音の程度が軽いと勘違いされる	

ポイント

- 日本語は文節、英語は音節単位で吃頻度を計算している。
- 日本の標準的な検査法の確立は、これからの課題である。

吃音を軽減する条件

吃音を軽減する条件は上図のようにたくさんある。すぐに吃音が0となる方法は、歌を歌う、遅延聴覚フィードバック（DAF）による引き伸ばし発声、ゆっくりと話す、斉読（11回187）、シャドーイング、口だけ動かすである。外的タイミングがあったり、発話の準備にかける時間が長くなることが、流暢性につながっている。吃音の障害を一言で言うと「話し始めの内的タイミング障害」である。

「どうしても、言えない」という苦手なことばで、吃音が0になる方法を試してみてもいい。意外と流暢に話せて、ビックリすることがある。そして、たいていの吃音の言語療法の効果は、「訓練室だけ」とも理解するべきである。一歩訓練室から出れば、もち越し効果がほとんどない（9回176）。では、なぜ言語療法をする意味があるかと言うと、自信（意欲）をつけるためである。「自信（意欲）」は家に帰ってからも、もち越し効果はある。徐々に吃音が0になる方法として、オペラント学習（行動療法）があり、日本のセラピーの中ではあまり知られていないものだが、とても重要である。吃音は周囲の理解が重要であるということは、このオペラント学習により吃音が左右されるからである。

吃音を50〜80パーセント軽減するものとして、遅延聴覚フィードバック（DAF）（10回176）、声のピッチを変える、マスキング、独り言（1回18）、ささやき声（6回174）があり、国家試験問題として意外と出題されている。下図は、聞き手の数が増えれば、吃音頻度が増加し、聞き手の数が減れば、吃音頻度が減少することを示している。その逆の原理で、独り言とささやき声は吃音頻度が減少するのだろう。多くの人前で話すとそれだけ、喉（声帯）に力が入るから、吃音頻度が増える。

吃音を軽減する条件
（Andrews *et al.*, 1983）

	吃音が0になる方法	吃音が50～80%軽減
すぐに	・歌を歌う ・DAFで引き伸ばし発声 　（250ms設定） ・ゆっくりと話す（80ページ） 　（通常の半分の速度） ・リズム発話（84ページ） 　（メトロノーム法） ・斉読（62ページ） ・シャドーイング（99ページ） 　（1、2語遅れて読む） ・発声せず、口だけ動かす	・DAF（50～150ms設定）（96ページ） ・声のピッチを変える（96ページ） ・マスキング（80dB）（99ページ） ・独り言 ・ささやき声
徐々に	・オペラント学習（86～89ページ）	・適応効果（84ページ）

聞き手の数と吃音頻度の関係
（Porter *et al.*, 1939: エビデンスレベルⅤ）

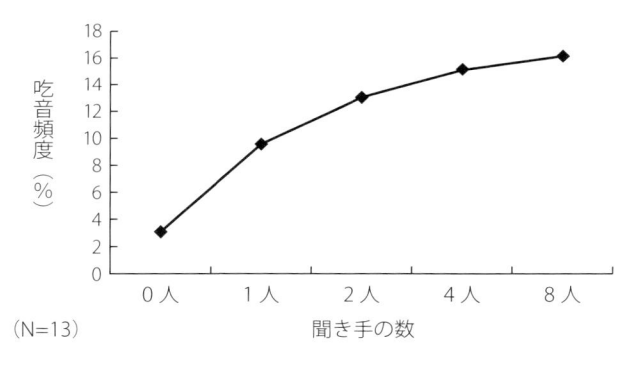

縦軸：吃音頻度（%）　横軸：聞き手の数
0人：約3／1人：約9.5／2人：約13／4人：約15／8人：約16
（N=13）

ポイント
・吃音のある人は、1人ではあまりどもらない。
・軟起声だけでも、吃音軽減に効果がある。

発話モデリングによる"ゆっくり話す"効果

 大人であれば、「通常の半分の速度でゆっくり話しましょう」と指示するのは可能だが、小児では困難である。小児の直接療法の賛否はあるが、話す意欲や自信をなくしている人には効果はある。子どもが希望していないのにもかかわらず、漫然と直接言語療法をすることに、私は疑問をもっている。

 海外ではカメのようにゆっくりと話す手法がよく用いられている。その応用として、上図のように動物のぬいぐるみを用いる発話モデリング（13回188）がある。机上における発話モデリングでは、①メトロノームのように音をたてて動物が坂を下っていく玩具に合わせて母音部を引き伸ばし気味に発話、②カメの玩具の動きに"ゆっくり"をたとえた発話、③蛙の玩具を1回弾ませるごとに1音節ずつ発話、④柔軟性に富むぬいぐるみに"力を抜く"をたとえた発話、⑤蝶の玩具を手掌にのせ軽くゆったりとした動きに"軽い"をたとえられる。年少児でも「ゆっくり」「一定のテンポで」「力を抜く」「軽い」などをイメージしやすいように、また自ら手で動かしながら発話できるように絵や写真ではなく実物に近い玩具をモデルとして用いる。身体全体を使った発話モデリングでは、⑥象（どっしりと、力強く）、⑦犬（そっと、軽やかに）、⑧うさぎ（楽しく、弾むように）の動物のスリッパを履いてしりとりなどを行なう。

 注意してほしいのは、トランポリンなどで跳ねながら声を出すとスムーズに言えるが、この方法ばかりしてしまうと余計な随伴症状を作ってしまう。ことばに詰まったときに、毎回飛びながらしゃべる吃音のある子に出会うこともある。実践で使える方法を教えないと、のちのち本人が困る。下図がセラピー前後の吃音頻度を示し、一見軽減しているように見えるが、質問応答ではほとんど軽減していないことがわかる。吃音臨床の難しい所である。

第4章 吃音頻度を軽減させる方法

発話モデリングに使用する玩具

発話モデリングによる"ゆっくり話す"効果
（見上, 2002改: エビデンスレベルⅤ）

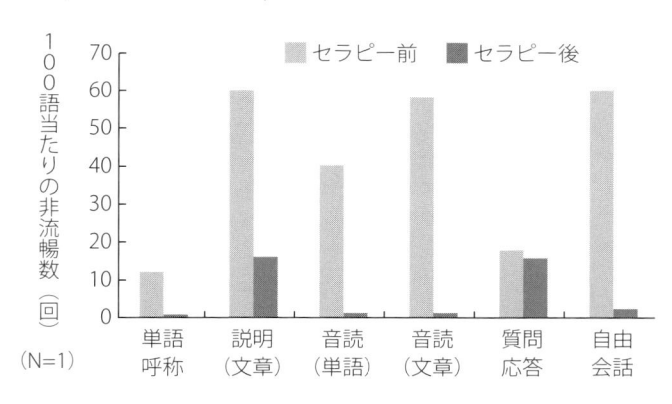

100語当たりの非流暢数（回）

凡例：セラピー前／セラピー後

横軸：単語呼称／説明（文章）／音読（単語）／音読（文章）／質問応答／自由会話
（N=1）

ポイント

・言語療法の中で発話モデリングは、小児でも理解しやすい方法である。
・質問応答では非流暢数は変化していない。これは、発話内容を頭の中で考えて話すという言語的負荷が大きいからである。

リズム発話法（メトロノーム法）

メトロノームに合わせて話すと、吃音が0になるということは、吃音が内的タイミング障害であるという根拠となる。上図のように、最初メトロノームに合わせて、吃音を消失させ、それからメトロノームを意識しながら、発話をすると、毎分40拍はとてもゆっくりとした発話となる。ゆっくりとした発話から、徐々に速度を通常の速さにしていった結果が下図である。

メトロノームを用いるときには、一語一語を区切って読むのではなく、語と語のわたりを滑らかにつなぐと、流暢性が維持されやすい。メトロノームを利用しながら、引き伸ばし発声、軟起声、ソフトな構音も一緒に教えていくと良い。

私の体験だが、患者さんの名前をマイク放送で呼ぶ必要があり、ポータブルメトロノームを耳に入れながらマイク放送を行なってみた。すると、予行演習ではうまくいくのだが、本番になると、緊張のあまり声が出ない。メトロノームの「カチカチ」という音が逆にうるさく、うまく合わせられない。「……か、か、か、わ、わしまさん、し、し、し、しんさつしつ、さ、さ、さんばんに、お、お、お、はいりください」となり、うまくいかないことが続き、他のスタッフも疑問に思い始めたようだ。そのとき、言語療法の効果は訓練室だけのものであると実感するとともに、他のスタッフにお願いすることの必要性を感じた。結局、患者さんの呼び出しは、他のスタッフにお願いした。できないことは周りの人にお願いする。それでいいと思う。発話前の情動（不安・恐怖）を和らげないと、いかなる言語療法も無効である。

82

リズム発話法（メトロノーム法）
（苅安, 1990）

- メトロノームを用い、1拍1モーラで発声
    - 毎分40拍で音読を30秒を2、3回。その後はメトロノームを止めて、文章朗読をした。
    - テンポを毎分60拍、毎分80拍、毎分120拍と速くしていった。
- 発話速度のフィードバック
    - 音読における発話速度（モーラ／秒）はストップウォッチで測定した。
    - 発話速度がメトロノームなしでも、目標値の5％未満の誤差であれば「うまく合っている」、それ以上の誤差であれば「速すぎる」あるいは「遅すぎる」と直後に結果をフィードバックした。
- メトロノームのテンポを上げる基準
    - 同一テンポで完全に流暢な発話を連続する3回の訓練で達成した場合。1回の訓練では2〜3の異なるテンポ（40・60・80拍など）を並行して練習し、最小拍数この場合40拍）から順に習得していった。
- ただし、斉読、ソフトな構音、軟起声、呼吸訓練、カウンセリングなどを併用している

リズム発話法の効果
（苅安, 1990: エビデンスレベルⅤ）

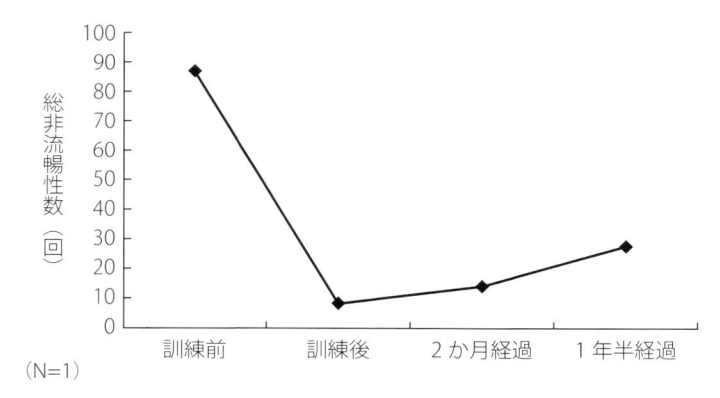

（グラフ：横軸＝訓練前、訓練後、2か月経過、1年半経過、縦軸＝総非流暢性数（回）。訓練前約87、訓練後約8、2か月経過約13、1年半経過約27）
（N=1）

ポイント
- メトロノームにより、発話速度を低下させることが、吃音軽減にもつながっている。
- 総非流暢数は、セラピー後に増えている。

適応効果

吃音は適応効果がある（1回176）。適応効果とは、同じ文章を反復して読むと吃音頻度が徐々に軽減することである。たとえば、「吃音を軽減したい」と希望する人に、「では、この文章を6回読みましょう」と言い、6回音読して、最初と6回目を比較したところ、約50パーセントは軽減することが示された。上図のように5回は2人で読み、6回目を1人で読んでも（B）、最初から1人で読んでも（A）、最終的には、同様の所に落ち着く。これをセラピストは吃音が軽減した、と解釈するかもしれない。適応効果は、結局数時間しかもたないのである。このことが、吃音のセラピーは訓練室だけの効果であるという根拠となっている。

しかし、適応効果＋αをすると結果は少し違ってくる。重度の吃音の人でも、反復発声により吃音が軽減する。幼児ではその吃音頻度が下がった状態をほめるといいだろう。また小学生以降は、適応効果により語の恐れが減り、自信（意欲）が増せば、回避（1回176）していた行動をするように促してもいいだろう。そして一番重要なことは、その回避していた行動ができたら、一緒に喜ぶことである。ほめることにより、さらに新しい行動をする好回転が始まる。

下図は適応効果の実践的応用である。一緒に朗読することも、立派な言語療法である。また、スピーチが嫌だからといって、原稿の準備をしておかないと、内容が悪かったり、吃音がよく出たりと周りの人の評価も下がってしまうだろう。「逃げ」の姿勢が悪循環を生むのである。

文章朗読の適応効果

(Frank and Bloodstein, 1971: エビデンスレベルⅢ)

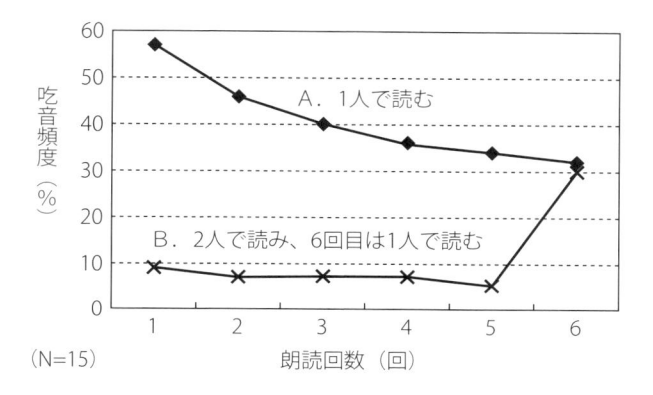

グラフ：縦軸 吃音頻度（%）、横軸 朗読回数（回）
A．1人で読む
B．2人で読み、6回目は1人で読む
(N=15)

適応効果の実践的応用

- 朗読の練習をした方が、吃音が軽減する。
- 人前でスピーチするならば、あらかじめ話す内容の原稿を書いておいた方がいい。そして、反復練習を行なう。
- 朗読は1人で読んでも（A）、2人で読んでも（B）、吃音の効果は同じである。したがって、吃音のため発話意欲が低下している人には、2人で読むことが有効である。
- 朗読の練習をするときは、聞き手がいる方が（79ページ）実践で使える。

ポイント

- 吃音は適応効果があるので、反復リハーサルは効果がある。

オペラント学習①（正の強化）

オペラントとは Operation に由来する用語で、「行動」という意味である。オペラント学習（オペラント条件づけ）とは、Aという状況で、Bという行動をしたときに周囲の反応Cがあると、その後Bの頻度が多くなる（強化）学習のことである。オペラント学習は子どものしつけやリハビリテーションなど、多くの場面で応用されている。

上図に吃音のある人を想定した強化の関係を示した。聞き手のいる場面（A）で、流暢に話せた場合（B）、なめらかに話せたね（C）とほめてあげ、その行為が強化されると、流暢に話せる場面が増える。また、どもったとき（B）に、真似されたり、いじめられたりする（C）と、ますます吃音頻度が増加する。成人になっても重度の吃音のある人の多くは、子どものときに吃音でいじめられた経験がある。オペラント学習の観点からも、吃音のからかい・いじめを予防することは、将来的な吃音軽減に必須だと考える。

このオペラント学習の原理を根拠に、流暢に話せたときにプラスの反応（コインなどのご褒美）をする方法を、トークンエコノミー（代用貨幣治療）という。トークンとは、コイン、点数など集めると、ご褒美（強化）につながるものである。下図は流暢に話したときだけコインをもらえる（条件づけ）、流暢に話してもどもってもコインをもらえる（条件づけない）という2種類の状況で、吃音頻度を調べた研究である。その結果は、流暢に話せたときだけコインをもらえる（条件づけ）セッションでは、明らかに吃音が軽減している。コインなどの目に見えるものをご褒美としなくても、ないコインのセッションでは、すぐに吃音頻度が戻っている。ただ、その効果は条件づけことばでほめるだけでも効果のあることを示したのがリッカムプログラム（92ページ参照）である。

オペラント学習

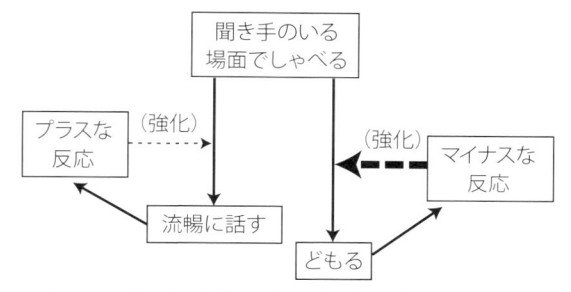

```
              ┌──────────┐
              │聞き手のいる│
              │場面でしゃべる│
              └──────────┘
   ┌─────┐(強化)    │    (強化)┌─────┐
   │プラスな│ ←------  │  ←━━━━│マイナスな│
   │ 反応 │         │        │ 反応 │
   └─────┘         ↓        └─────┘
      ↑       ┌──────┐        ↑
      └───────│流暢に話す│       │
              └──────┘        │
                    ┌──────┐  │
                    │どもる │──┘
                    └──────┘
```

マイナスな反応は、（プラスな反応の）5倍も強化する。

トークンエコノミーによる変化
(Ingham and Andrews, 1973)

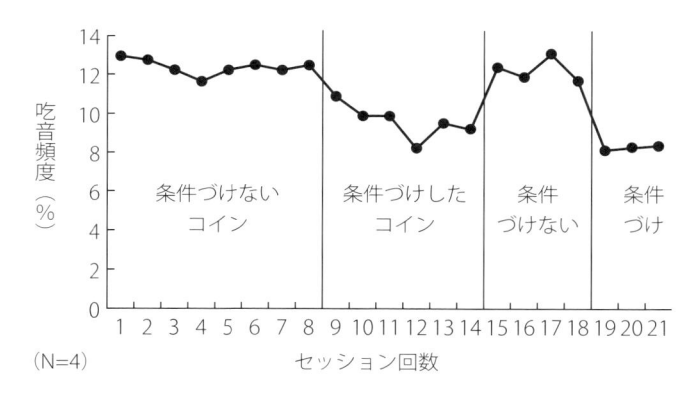

（グラフ：縦軸 吃音頻度（%）0〜14、横軸 セッション回数 1〜21、N=4）

区分：
- セッション1〜8：条件づけないコイン
- セッション9〜14：条件づけしたコイン
- セッション15〜18：条件づけない
- セッション19〜21：条件づけ

ポイント

・吃音は周囲のかかわりにより、変化する。
・言語療法全般に言えることは、ほめることは大事である。

オペラント学習②（タイムアウト）

もう1つ、オペラント学習の大切な要因として、タイムアウト（一時中断）がある。昔「宿題を忘れたら廊下に立ってなさい」と言われたり、わがままを言っていると「あんたはうちの子ではない」と言われて、家から締め出された経験はないだろうか。大きな声で怒らなくても、してほしくない行動が起きたときに、その行動をやめさせることができるのが、タイムアウトである。

吃音の場合、上図のように、どもったら話すのを中断することがタイムアウトである。この研究では10秒で下図のように効果があったが、その後の研究からタイムアウトは2、3秒でも効果あり、キャンセレーション（消去法）という名前で用いられている。

吃音を隠す努力の「中止」は、タイムアウトを自分で行なっている。周りの対応として、「自分で修正している」と判断していいが、タイムアウト効果は、2、3秒で十分なので、「中止」したことばの内容をあとで聞いてみよう。吃音頻度を下げてもいいが、話す意欲まで失ってはならないからである。

リッカムプログラム（92ページ参照）において、どもったときに指摘や言い直しをさせることは、実はタイムアウト効果を使用している。このどもったときに、指摘や言い直しをさせることは、リッカムプログラムを理解し、その原則に従っている場合に、子どもに悪影響がないことも証明されている。吃音を意識させてもいいのである。

吃音は年齢とともに変化し、軽減することが一般的である（18〜19ページ参照）。証明されていないが、自分で吃音に気づいてタイムアウトを繰り返し、自分の発言が賞賛されるにつれ、吃音は軽減していくのだと私は思う。

88

タイムアウト試行
（Haroldson *et al.*, 1968）

- 吃音のある人
  赤い光がついたら、すぐ話すのをやめるよう指示される。
  赤い光が消えるまで、黙っておく。
- セラピスト
  吃音が生じたら、スイッチで赤い光を10秒間つける

    1〜2回　基準セッション60分
    3〜7回　タイムアウト40分、タイムアウトなし20分
    8〜13回　タイムアウト60分
    14〜15回　タイムアウトなし60分

タイムアウトの効果
（Haroldson *et al.*, 1968：エビデンスレベルⅤ）

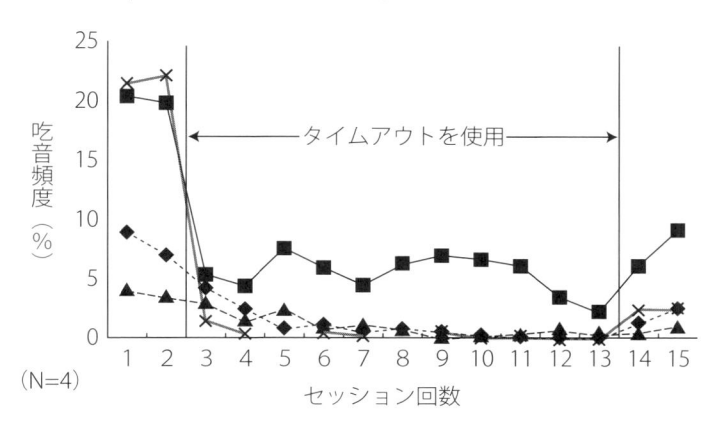

（N=4）

ポイント

- タイムアウトは、吃音を意識させて、軽減する方法である。
- タイムアウトは、リッカムプログラムで取り入れられている。

徐々に発話の長さと複雑さをあげる

吃音は言語障害に分類されている。その一因として文の長さが長くなり、文の複雑さが増すと、吃音頻度が増加するのである(上図)。逆にいうと、話すことばが短く、簡単な文法になればなるほど、吃音は軽減する。そのことを利用したセラピーが、徐々に発話の長さと複雑さをあげるセラピー（GILCU: Gradual Increase in Length and Complexity of Utterance）である。中図は徐々に長さと複雑さをあげるセラピストの指示と、吃音のある人の答える長さを記載したものである。言語負荷の観点からも、会話は最終段階で流暢性を維持することが難しい。

「重度の吃音のある人が来たらどうしよう」と心配するセラピストがいるが、吃音が重いのならば、まずは短い単語からセラピーを始めるべきである。吃音は適応効果もあり（84ページ参照）、何回も同じ単語を言うと、吃音は必ず軽減する。吃音のある人が飽きないよう、励まし工夫しながら支援することもいいだろう。単語カードを使う以外に、教科書などの文章を短く区切って交代交代に読み、ある程度流暢性が確立してきたら、読む文章を長くしていくことも応用できるだろう。言語負荷の階段をイメージできているといい（下図）。

セラピーは、「会話は言語負荷が多く、一番難しい」ということを、まず最初に親へ伝えるべきである。「今日、学校どうだった？」と何気ない質問が、最も言語負荷がかかり、どもりやすくなるのである。「今日、算数の時間発表できた？」など具体的な質問の方がどもりにくいのである。しかし、親やセラピストの前で吃音軽減にばかり力を入れて、本人の話す意欲を失うことは避けなければならない。そして、親の前でどのくらいどもったかは、大人になってから覚えていないものである。

文の長さ・複雑さと吃音頻度
(Tomick and Bloodstein, 1976; Ratner and Sif, 1987: エビデンスレベルIVb)

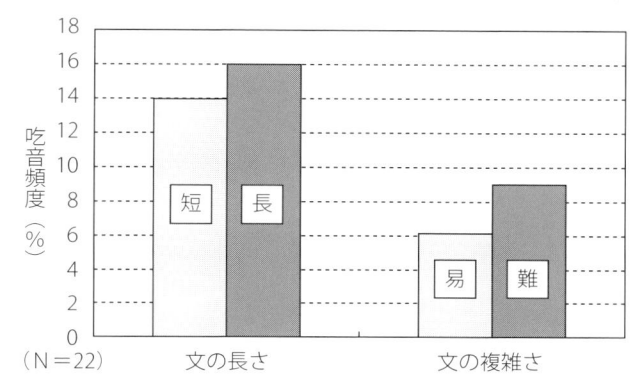

(N＝22) 文の長さ（短/長）、文の複雑さ（易/難）の吃音頻度（％）を示す棒グラフ

徐々に発話の長さと複雑さをあげる（GILCU）
(Ryan, 1974)

段階	刺激（セラピスト）	反応（吃音のある人）
1	1語を流暢に読むよう指示	1話で答える
2	2語を流暢に読むよう指示	2話で答える
3－6	3－6語を流暢に読むよう指示	3－6語で答える
7－10	1－4文語を流暢に読むよう指示	1－4文で答える
11－18	30秒から5分間、流暢に読むよう指示	30秒から5分の朗読
19－54	1人ごとと会話の再循環	1人ごと、または会話

言語負荷の階段

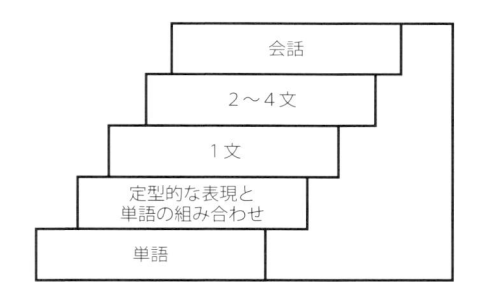

階段状の図：単語 → 定型的な表現と単語の組み合わせ → 1文 → 2～4文 → 会話

ポイント

・文の長さと複雑さが増すと、吃音頻度は増加する。
・一番吃音頻度が下がるのは、短い単語である。
・GILCUは、段階的に流暢性を確立できる方法である。

環境調整とリッカムプログラムの比較

リッカムプログラムとは、オーストラリアのリッカムという地で開発された、オペラント学習の原理を用いた行動療法（3回55）のことである。オペラント学習（正の強化とタイムアウト）（86〜89ページ参照）と、文の長さと複雑さを徐々に上げる方法（90ページ参照）と、セラピーが家庭中心という4つの要素を取り入れた方法である。世界8か国以上で使われている。

上図は、アメリカでのリッカムプログラムの結果である。重症の吃音児でも4年後も軽減していることがわかる。この研究結果を発表したギターの著書『吃音の基礎と臨床』（学苑社）には、リッカムプログラムの詳細が記載してあるので、リッカムプログラムを始める際には参考になる書籍だろう。

リッカムプログラムの効果を左右しない要因に、年齢（6歳未満）、吃音頻度、性別をあげている。重度でも、また男児でも女児でも同等に効果あるということになる。ただ、1つ効果の差が見られたのは、家族歴があるかどうかである（厳密に言うと、吃音が回復した家族歴があると、軽減度合いも高い）。

ただ、このプログラムで難しいのは、頻繁に流暢に話したときにほめていると、ほとんどの子どもはそれにいら立つ（『吃音の基礎と臨床』284ページ）。流暢性を強化する技術が難しいことは、諸外国でも言われ、中図に示す環境調整を行なった群と比較した研究がある。

下図は、リッカムプログラムが従来の環境調整と大差のないことを示している。そこで環境調整とリッカムプログラムの使い分けを伝えたいところだが、現状ではまだ検討されていない。日本にはまだリッカムプログラムをしている施設は少ないが、そのエッセンスだけを取り入れて、吃音のある子に支援するのは効果的だろう。

リッカムプログラムの長期的効果（アメリカ）

（Miller and Guitar, 2009: エビデンスレベルⅤ）

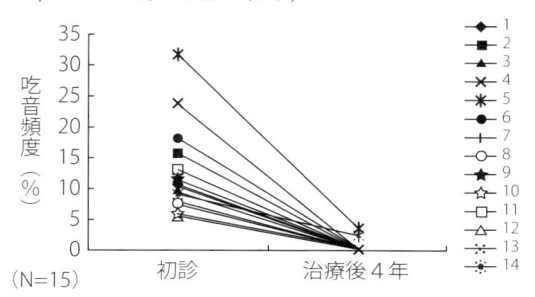

（N=15）

環境調整（要求能力型セラピー）

（Franken et al., 2005）

①毎日の特別な時間を作る。
　どちらかの親は15分間、話したり、静かなゲームしたり、本読みをしたりする。
②親の発話速度を変える。
　親は間を長く取り、自然なイントネーションを保ちながら、よりゆっくり話す。
③子どもには直接話し方の要求はせず、親が力の抜いた話し方のモデルを示す。

必要に応じて、以下の工夫をする。
①家庭の活動のペースをゆっくりにする。
②交代でに話したり、会話と会話に間を取る。
③親の話す量を短く、簡単な文にする。長く、複雑な回答を要する質問はしない。
④吃音について、オープンに話す。

環境調整とリッカムプログラムの比較

（Franken et al., 2005: エビデンスレベルⅡ）

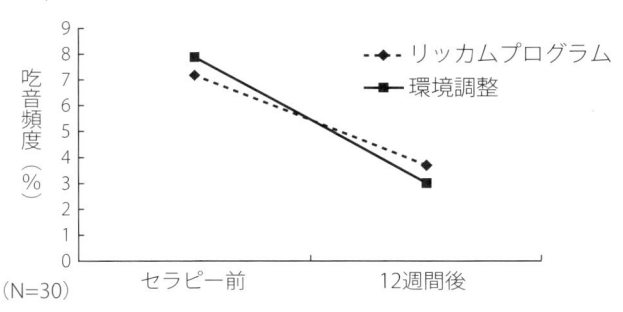

（N=30）

ポイント

・リッカムプログラムと環境調整は同等の効果である。
・どのセラピーも吃音をオープンに話す。

吃音と薬物療法

「吃音に効く薬はないですか？」と質問されたとき、私は「ドーパミン阻害薬があります」と答えている。2004年にアメリカのマグワイアー医師が、ドーパミン阻害薬のOlanzapineの吃音軽減効果があったことを発表した。つまりこの薬を6週間飲み続ければ、10ある吃音が7に軽減するということになる。しかし、マグワイアー医師はこのOlanzapineを大規模臨床試験（治験）には試さなかった。効果はあるが、眠気、全身倦怠感、口渇感などの副作用が強かったためだろう。実際、服用してすぐに耐えられない眠気が襲い、仕事をしている人であれば仕事にならなくなってしまうだろう。

現状では上図が示すように、薬物療法よりも言語聴覚士による言語療法の方がはるかに短期間で効果がある。言語聴覚士は吃音支援のプロとしての誇りをもってほしい。

なぜ、吃音とドーパミンが関係しているのだろうか。ドーパミンが欠乏して発症するパーキンソン病の人と共通点がそのヒントになる（下図）。パーキンソン病の人は、「すくみ足」という最初の一歩がなかなか出ない現象があり、しばらく歩くとスムーズに歩ける。しかし、方向転換をするときになると、また「すくみ足」が生じるのである。もう1つ逆説的歩行という現象がある。「すくみ足」でなかなか足が出ない人でも、規則的な視覚マーカーがあれば、スムーズに歩けるのである。つまり、吃音のある人は吃音が生じるのは90パーセントは語頭（3回175）であり、メトロノームなど規則的な聴覚的に従うとスムーズに話せる。その共通点から、吃音は大脳半球だけでなく、大脳基底核にも障害があるのではないかと、研究も進んでいる。

薬物療法の効果

(Maguire *et al.*, 2004; Langevin *et al.*, 2006: エビデンスレベルⅡ)

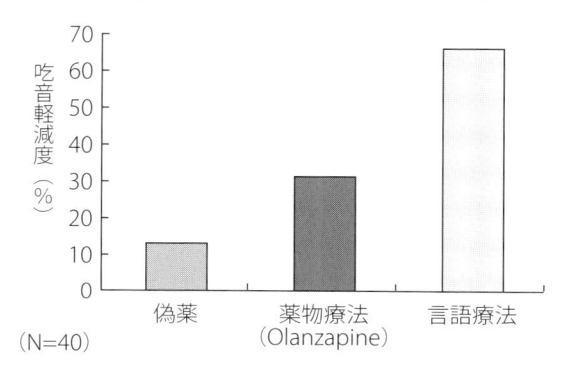

[棒グラフ: 吃音軽減度（%）, N=40]
- 偽薬: 約13%
- 薬物療法（Olanzapine）: 約31%
- 言語療法: 約65%

パーキンソン病と吃音の相違点

吃音	パーキンソン病
始めの一言がなかなか出ない	始めの一歩がなかなか出ない（すくみ足）
聴覚的タイミング（メトロノーム）に合わせて話すとスムーズに話せる	規則正しい（等間隔の）目印があるとスムーズに歩ける（逆説的歩行）
ドーパミン低下薬が有効	ドーパミン増加薬が有効

ポイント

・薬物療法でも吃音＝0にはできない。
・従来の言語療法の方が副作用もなく、効果はある。

吃音補助機械（DAF・FAF）

遅延聴覚フィードバック（DAF）は、吃音のない人に、自分の話した声を200ミリ秒の遅れで聞きながらしゃべると人工的に吃音を発生させる機械である。DAFに興味をもった吃音研究者が、「では吃音のある人に使ってみたらどうなるのだろう」と試したところ、思いのほか吃音が軽減してしまったのである。

上図に示すように、DAFの効果として、発話速度が遅くなる（6回174）。聴覚フィードバックする自分の声ピッチを少し上げる機械は、周波数変換フィードバック（FAF）と言われ、海外では発売されている。その効果は、「二人読み効果」と言われている。吃音の人は、誰かもう1人の人と声を合わせるとどもらない、内的タイミング障害である。だからと言って、吃音補助機械は万能ではない。

吃音補助機械の問題点として、難発性吃音には効果がないことがあげられる。フィードバックする音声がないため効果がない。海外の吃音専門家でも、吃音補助機器を使って、吃音軽減の度合いを比較した。朗読のときには、ある程度効果があるが、会話ではほとんど効果がないのである。

本人が吃音補助機器を購入希望しているならばまだしも、親・祖父母がよかれと思って大金を払い、その機器だけを本人に渡しても、「あなたの話し方は悪い。矯正しなさい」と暗にメッセージを送るだけである。DAFをよく知っている言語聴覚士の下で流暢性形成法をする（1回157、10回176）ことは、一時的には効果があるだろう。しかし、機械を使わずに、流暢性を促せるならば、その方が本人の自信にもつながる。

吃音補助機械

	DAF	DAF+FAF (Speech easy)
価格	約10万円	約50万円
話し方	・遅くなる ・抑揚のない不自然な発話	
問題点	・会話では効果が劣る ・難発性吃音には効かない ・背景音もうるさい ・装用後の耳鳴り	

DAF+FAFの機械を用いた吃音軽減度
（Pollard *et al.*, 2009: エビデンスレベルⅤ）

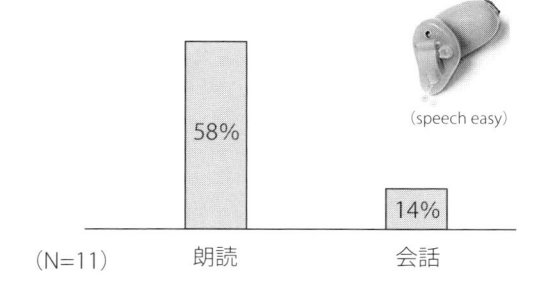

(speech easy)

朗読 58%
会話 14%
（N=11）

ポイント

・DAFは朗読では効果があるが、会話では効果があまりない。
・フリーソフトで、DAF、FAFを体験できるソフトがある（147ページ参照）

エビデンスを踏まえた推奨される吃音療法

これまで多くのエビデンスを紹介してきたが、吃音のある人に実際どれを選択したらいいのかわからないというのが本音だろう。エビデンスを基にグレード分類（推奨の強さ）を作った人がいる[19]（上図）。

それによると、行なうことを勧められる（グレードB以上の）療法は、現段階では存在しない。つまり、海外のセラピストも吃音にどの手法を行なえばいいか悩んでいる。まだエビデンスの高い研究が少ないことも一因であると思うが、今後、10年、20年後には、グレードA、Bが出てくるかもしれない。

逆に言うと、吃音は直接療法をしなくてもいいのである。吃音のある人の話をじっくり聞いて、共感し、温かく励ましてくれることは、多くの吃音のある人の満足につながる（60ページ参照）。吃音のある人は、100パーセントの力を発揮できれば流暢に話せるため（39ページ参照）、周りの環境を整えることは大事である。

下図は、吃音にはあまり良くないセラピストの条件をあげている[20]。吃音のある多くの成人が、初診時に吃音を隠す努力をするため、みかけ上はどもらないので、経験の浅いセラピストは、「このぐらい話せれば大丈夫だよ」と言ってしまうのである。理解されない悩みほど、その悩みの深さを深める。また、吃音自体は物心ついたころから存在するので、「なぜ今頃になって相談に訪れたのか？」ということを聞いて、目標や不足していることを明確にしなければならない。吃音の問題は多因子モデル（13ページ参照）で示したように、吃音という表立った問題以外のことまで理解できていると、セラピストとしての役割を十分果たせているのである。

吃音療法の推奨の強さ
（Bothe *et al*., 2006: エビデンスレベルⅠ）

グレードA	行なうことを強く勧められる	なし
グレードB	行なうことを勧められる	なし
グレードC	行なうことを考慮してもよいが、十分な科学的根拠がない	マスキング（79ページ） 徐々に発話の長さと複雑さをあげる（90〜91ページ） リズム発話（メトロノーム法）（82ページ） オペラント学習（86〜89、92ページ） 環境調整（92ページ） 引き伸ばし法（53、79ページ）
グレードD	行なわないよう勧められる	シャドーイング（79ページ） トークンエコノミー（86ページ） 針治療 筋電図バイオフィードバック

「吃音のある人が良い変化をする」ことを支援しないセラピスト
（Plexico *et al*., 2010）

- 見かけの吃音の程度で判断したり、吃音に興味・知識がない。
- 話を聞かず、目標や不足していることに注目しない。
- 直接療法の技術ばかりに焦点を当て、吃音のある人の認知・感情・社交の問題を解決しない。

第4章　吃音頻度を軽減させる方法

ポイント

- グレードA、Bのセラピーはまだ存在しない。
- 吃音を外見で判断したり、テクニックばかり追求する人は、吃音のある人に良い支援ができない可能性がある。

実際に吃音の相談を受けたら

吃音が未経験でも言語聴覚士やことばの教室の先生ならば、一度は吃音の相談を受けるときがやってくる。そこで、初診時における理想的な対応をロールプレイマンガで示した。

幼児の相談では、初診時にあまり話してくれない子どもが多い。幼児の吃音は環境調整が主であるが、母親だけに行動の変化を求めると、逆に母親が責められている感じを受けることがある。決して母親一人が背負うべき問題ではない。私は初診時には、できるだけ多くの家族・親戚を集めてもらい、吃音について共通理解してもらうように務めている。そして、保育園・幼稚園にも吃音の理解・配慮をしてもらう。幼児期で必要と考えるのは、母親が吃音のある自分の子の接し方を理解し、友達からの吃音の指摘・からかいに対処できる方法を教えることの2つである。

学童期は担任の先生がすべての教科を教えるので、担任の先生への手紙は有効である。中学生以上の吃音のある子は、本読みのある国語・英語・社会を苦手とする傾向がある。最低限、この3教科の各先生に配慮してもらうと助かる。20歳を越えて相談が多いのは、就職活動中の大学生や求職中の人である（72ページ参照）。そして、就職して困ったことがあれば、専門家としては診断書を出すことも有効である。

「下手な言語療法をするセラピストが、吃音を診ることは構わない。しかし、吃音のある人にとって最も不幸なのである」というバンライパーのことばに私も同感である。困ったら、いつでも私にメールをください。

新人言語聴覚士ロールプレイ（幼児編）

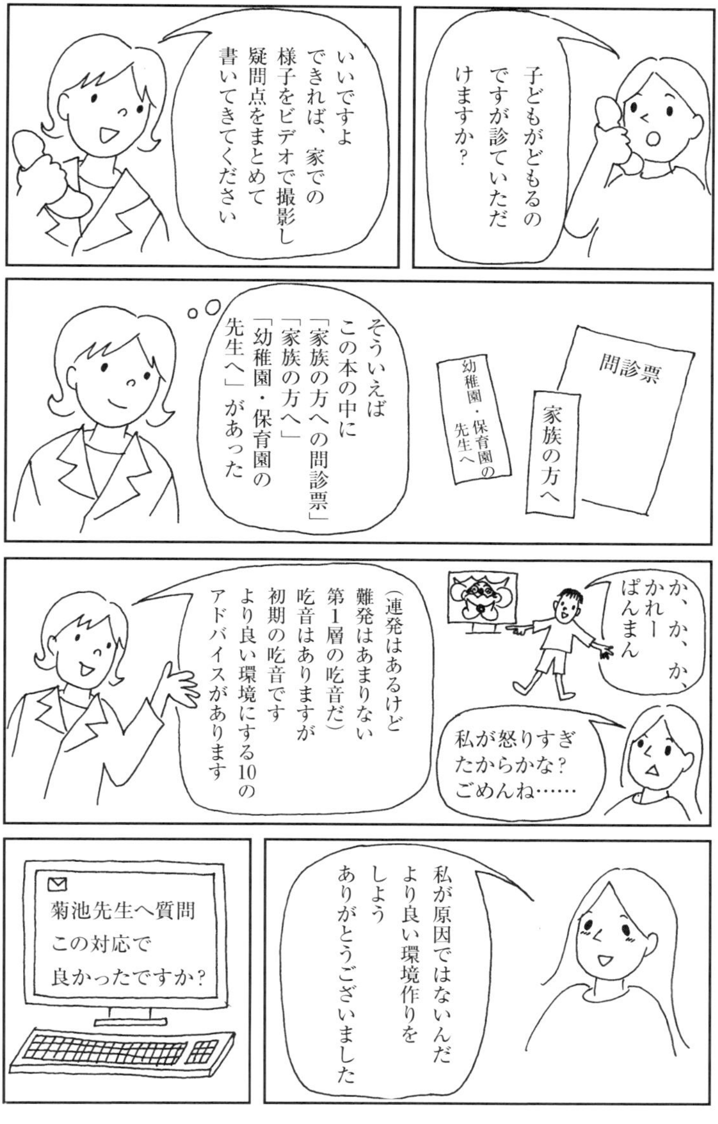

新人言語聴覚士ロールプレイ
（学童編）

新人言語聴覚士ロールプレイ（成人編）

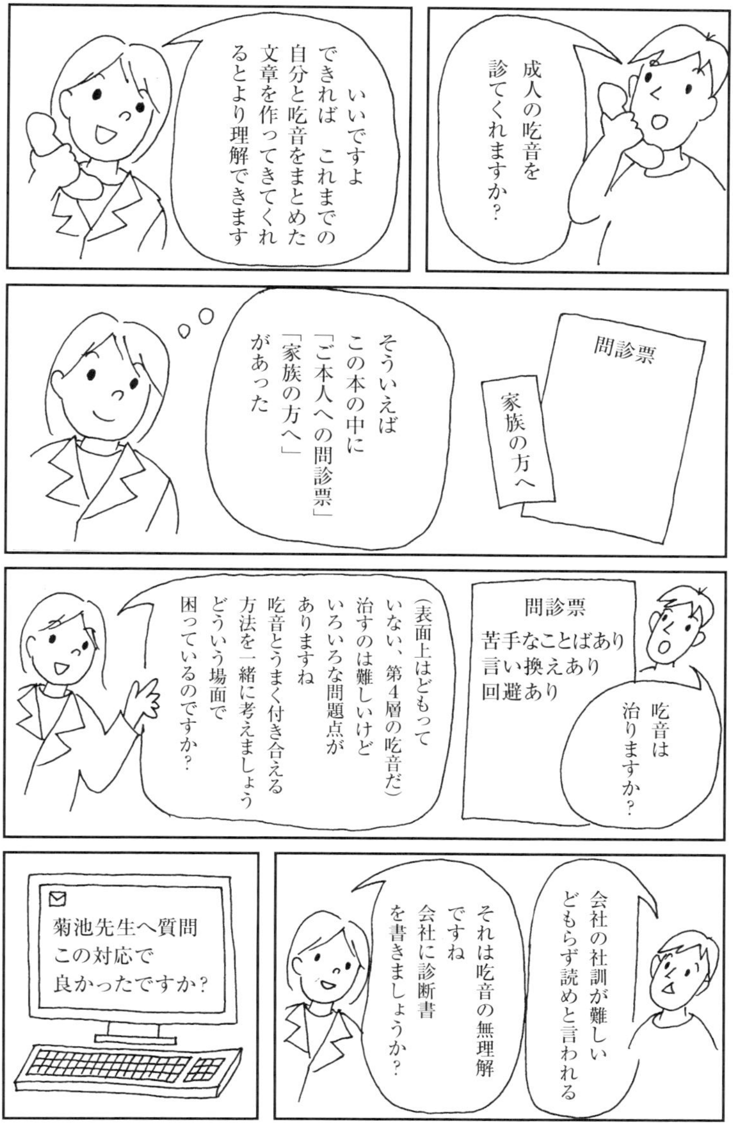

問診票の使い方

必要な情報を短時間で収集するために、私は問診票を使っている。海外にもいろいろ問診票があるが、項目が多すぎて、私は使っていない。左図に示しているように、問診票の各項目の対応するページを頭に入れておくと、話が膨らむだろう。その改訂を繰り返していくうちに、吃音の標準的な問診票ができあがることを期待している。

この問診票は、完成版ではないし、セラピスト一人ひとりが使いやすいようアレンジしてもいいだろう。

家族の問診票の上半分は吃音のある子の現状把握で、下半分は親の変えられる行動の項目を記載している。これは、「家族の方へ」(141ページ) の説明文にも記載していることである。私は原則として、吃音のある子の話す様子を見てアドバイスしている。幼児の場合は、初めての場所ではなかなかしゃべらない。そのため、家での様子をビデオカメラに記録してもらって、一緒に見ながら、吃音が第1層なのか、第2層なのか判断している。

本人の問診票は、10歳以上の子に記載してもらっている。それより低学年は、口頭で聞ける範囲で聞いている。

この問診票の左に記載してあるアルファベットは、13ページのCALMSモデルの頭文字である。両方とも「はい」を選んでいる場合は、軽うつ病の可能性があるので、心療内科・精神科とともにサポートする場合もある。

A'の2項目は、軽うつ病を鑑別するものである。

また、思春期以降の人には、自分の吃音体験談(吃音史)を書いてきてもらうように依頼している。その理由は、限られた時間内で相談に来た人を把握するために必要である。もう1つの理由は、吃音のある人が、自分の吃音を客観的に見るきっかけとなったり、相手に自分の吃音を伝える練習にもなる。

吃音経験が長いので、今まで吃音を見たことのないセラピストが、吃音支援に携わることを切に願っている。

家族の方への問診票（138ページ参照）

質問	回答	参照ページ
吃音に初めて気づいたのはいつですか？	歳　カ月	
急に（1〜3日）発症しましたか？徐々に（1週間以上）発症しましたか？	急に　徐々に	16ページ
親戚や家族に吃音のある人がいますか？	はい　いいえ	
思い当たる吃音の原因がある（具体的に：　　　　）	はい　いいえ	14ページ
子どものことばがつっかえていると、責められる感じがする	はい　いいえ	
親の前で苦しそうに話した経験は、子どもが将来覚えていると思う。	はい　いいえ	110ページ
子ども が	話し方を気にする（例：「口がうまく動かない」「つっかえる」「もう話せない」「何か喉が邪をされる」と言う）	はい　いいえ	
	助けを求める（例：「上手に話せない」「医者に診てもらいたい」「お薬ちょうだい」）	はい　いいえ	49ページ
	困った表情をする（例：ため息、親の顔を見る）	はい　いいえ	
	つっかえたら、話すのをやめる。話す場面を回避する	はい　いいえ	
	我慢ならない様子（例：どもると、「いつもダメだ」と言ったり、頭を動かす）	はい　いいえ	
発音が間違っていたり、不明瞭で聞き返すことが多い。	はい　いいえ	38ページ
この1週間で、一番長い吃音の時間はどのくらいでしたか？	秒	13ページ
どもるときに、顔に力が入ったり、手足でタイミングを取ったりする。	はい　いいえ	
①子どもと2人でじっくり話す時間がない（きょうだいは本人含めて　　人）	はい　いいえ	
②子どもをあまりほめない。	はい　いいえ	
③子どもが話したことばを、意識して、復唱やわかりやすいことばで言い換えない。	はい　いいえ	107〜125ページ
④子どもがことばにつっかえていると、ゆっくり、落ち着いて、深呼吸してなどのアドバイスをする。	はい　いいえ	
⑤ことばがなかなか出ないので、言いたいことばを先取りして、言っている。	はい　いいえ	
⑥ことばがつっかえることを、子どもが友達にからかわれている。	はい　いいえ	
⑦目の前で子どもの吃音の真似を友だちがしていたら、何と声かけますか？（　　　　）		64〜66ページ
⑧「なぜことばがつまる（繰り返す）の？」と、子どもから質問されたら、どう応えますか？（　　　）		66、120ページ
⑨「最近、調子悪い」と子どもが言ったら、どう声かけしますか？（　　　）		122ページ

ご本人への問診票（139ページ参照）

	質問	回答	参照ページ
C	ことばがつっかえるのに気づいたのはいつごろですか？どんな場面でしたか？（具体的に　　　）	歳	15ページ
C	相手につっかえる（どもる）ことを知られたくない	はい　いいえ	
C	自分の吃音をコントロールできない	はい　いいえ	
A	話す直前に、うまく言えるか、つっかえる（どもる）か、不安になる	はい　いいえ	
A	言いにくいことばがあると、言いやすいことばに置き換える	はい　いいえ	26〜29、128〜133ページ
A	本当は、ことばを置き換えずに話したい	はい　いいえ	
A	ことばがつっかえた後、落ち込んだり、自分を責める。	はい　いいえ	
A	ことばがつっかえた後、そのストレスを吐き出すことができない	はい　いいえ	
A	相手は悪くない、悪いのは全部自分である	はい　いいえ	
A	とっさの一言が言えないのが、なにより も困る	はい　いいえ	
A'	うつうつとした気分がほとんど毎日続いている。	はい　いいえ	32ページ
	何をしても、興味をもって取り組めないし、喜びも感じられない。そんな気分がほとんど毎日続いている。	はい　いいえ	
L	苦手なことばがある（具体的に　　　　）	はい　いいえ	20ページ
M	ひとり言では、すらすらしゃべれることが多い	はい　いいえ	78ページ
M	歌では、つっかえない（どもらない）	はい　いいえ	22ページ
M	話すときに、余計な力が入っている（どこに　　　）	はい　いいえ	
S	苦手な場面、場所がある（具体的に　　　）	はい　いいえ	63ページ
S	苦手な人がいる（具体的に　　　）	はい　いいえ	64〜67ページ
S	つっかえることでからかわれたり、いじめられた経験がある	はい　いいえ	
S	つっかえていたら、「落ち着いて」「ゆっくり話して」と言われる	はい　いいえ	110ページ
S	伝えないといけないことでも、ことばがつっかえるから、伝えなかったことがある	はい　いいえ	26〜29ページ
S	ことばがつっかえる（どもる）ので、「できない」ことがある	はい　いいえ	

ポイント

・吃音に対する知識があれば、吃音は怖くない。

コラム4　嚥下障害と吃音の共通点

　吃音だけが特殊な疾患ではない。リハビリテーションの分野は基本的に共通だと考えている。軽度の嚥下障害と吃音はとてもよく似ている。「食事のときにむせるから、今後1回もむせないようにしてもらいたい」と要求されても、無理なことはすぐわかるだろう。そして、医学的な見解「食事中の誤嚥による肺炎よりは、寝ているときの不顕性誤嚥による肺炎の方が多いから口腔ケアは大事ですよ」ということを専門家としてアドバイスするべきである。そして、むせることが悪いのではなく、咳反射があることは逆にいいことなのである。もし咳反射が消失しており、「むせなくなった」と思っていたら、肺炎になって命すら危ぶまれるかもしれない。そこで、嚥下機能を評価し、少しの誤嚥がある程度ならば、「少しの咳はいいものです。しっかり咳をしながら食べてくださいね」と私は伝えている。

　嚥下障害を診ている言語聴覚士は多い。嚥下障害の患者さんを診られるならば、吃音も応用して診られると思う。吃音の相談を受けられる言語聴覚士が1人でも増えることを切に願っている。

	嚥下障害	吃音
主　訴	むせる	どもる
難しいこと	1回もむせないこと	1回もどもらないこと
危険なこと	むせない＝咳反射が消失すること	どもらない＝話す意欲がなくなること
大事なこと	口腔ケアが大事 （不顕性誤嚥の予防）	聞き手の環境調整が一番大事
うれしいこと	むせながらも、食べたいものを食べられること	どもりながらも、言いたいことを伝えられること

第5章

吃音のある子の親に伝えたいこと

吃音の正確な知識を早く知るべきである

「吃音の相談はいつ行ったらいいのか？」と多くの親が迷うところである。

「吃音の相談はいつ行ったらいいのか？」という高い確率で発症し、4年以内に74パーセント自然回復するのだから、幼少時の吃音は5パーセント（20人に1人）という高い確率で発症し、4年以内に74パーセント自然回復するのだから、そんなに焦って相談をしなくてもいいのではないか、と思いがちである。しかし、私は気になることがあったら、すぐ言語聴覚士に相談してください、と伝えている。それはなぜかというと、上図のように、知識のない親の88パーセントは、「ゆっくり話しなさい」「落ち着いて」と言っているデータがあるためである。また、下図のように、どもったら言い直しをさせたり、どもって苦しそうだとことばの先取りを33パーセントの親がしているデータもある。

今の日本は、「吃音のある子はほとんど治る」というスタンスで「そのうち治るんじゃない」というかかわり方をしているが、実際に支援が必要なのは、「吃音が治らない子」の親である。

「吃音が治らない子」の親が、相談先で、「ゆっくり話しなさい」と言ったり、『ことばの先取り』はしてはいけないですよ」と聞いたら、多くの親がショックを受け、罪悪感でいっぱいになる。それは多くの親が「ゆっくり話しなさい」とアドバイスしているからである。よく行なってしまう禁止事項は、最初に教えることが責務であると考える。

3歳児健診のときには、約6割の子が吃音を発症している（15ページ参照）。そのときに活用できる3歳児健診用の配付資料を、140ページに掲載したので関係者に使ってもらいたい。構音やことばの遅れは言語聴覚士にフォローされているが、吃音はあまりフォローされていないと聞く。外国と比べて言語聴覚士が足りていないのだから、足りていない現場はもっと人員を増やすように主張すべきである。

「ゆっくり話しなさい」「落ち着いて」という人の割合
（The stuttering foundation, 2003：エビデンスレベルIVb））

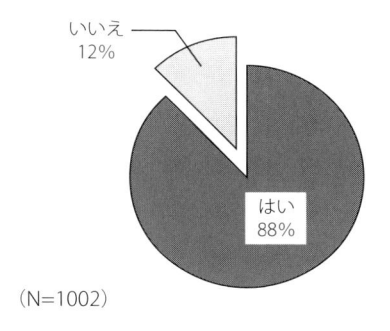

- いいえ 12%
- はい 88%

（N=1002）

言い直しさせたり、ことばの先取りをする人の割合
（The stuttering foundation, 2003：エビデンスレベルIVb）

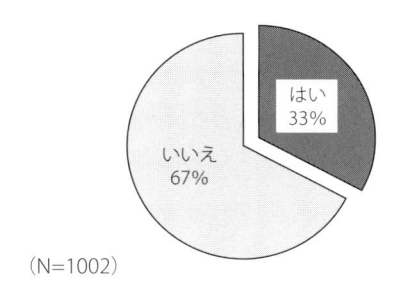

- はい 33%
- いいえ 67%

（N=1002）

第5章　吃音のある子の親に伝えたいこと

ポイント

- 約9割の親が「ゆっくり話しなさい」と言うものである。
- 約3割の親が、言い直しをさせたり、ことばの先取りをしている。

話し方のアドバイスをしない

吃音の相談に来院する88パーセントの親は、どもっているときに、「ゆっくり話しなさい」「落ち着いて」「深呼吸して」とアドバイスしている（109ページ参照）。つまり「あなたの話し方は悪いから、もう少しどもらないように話しなさい」というメッセージで伝わる。そうすると、どもらないように努力をする。親は「苦しそうだから、何か手伝ってあげたい」という気持ちの表れかもしれないが、アドバイスをしてどもらなくなるのは、吃音ではない。子どもは親の話すスピードを真似て話すものである。よって、親の話すスピードをまず落とさないと、どのくらいゆっくり話せばいいかわからない。

子どもは、話したいという欲求（衝動）にかられて、話すのである。そのときは吃音の苦しさよりも、話したい欲求が勝っているのである。話すことが本当に苦しいならば、子どもは自分の判断で話すのをやめるだろう。そして、親の前で苦しそうに話したことは、成人になって覚えている人はほとんどいない。その代わりに、どもって怒られたこと、話し方を矯正されたことは、成人になっても覚えている。不幸なことに、吃音を否定されて育った人が、親をうらんでいることさえある。

話し方のアドバイスをされると、子どもは親の期待に応えようと、落ち込み、自己肯定感が低下していく。吃音が０になるように必死で頑張り、１回でもどもるとショックを受け、落ち込み、自己肯定感が低下していく。吃音のある自分の子どもをありのままに認めてあげることが、子どもの一番の幸せである。そのために、親が吃音に対して変な負い目を（誤解）もってほしくはない。子どもにとって特に母親は特別な存在だからである。

◯ ほめると意欲が湧く	✕ 口でアドバイスしても、ストレスを感じるだけ
（にくじゃが！）	にくじゃが
見守っていよう	鍋の持ち方はこう　手を切らないように
おいしいよ	時間かかりすぎだよ
今度は何を作ろうかな	もう料理作らない　PUN PUN

第5章　吃音のある子の親に伝えたいこと

ことばの先取りをしない

 子どもがどもる姿を見るのがかわいそうと、賢い気の利く親ほど、ことばの先取りをしてしまう。ことばを先取りされると、子どもは「ホッ」とする。「よかった。わかってくれて」と思い、今後どもったときは、ことばを先取りされることを期待してしまう。しかし、いつも親とだけずっと会話をしているわけにはいかない。幼稚園、学校、社会と成長するにつれ交流の場は広がっていく。うちの子は家ではおしゃべりなのに、幼稚園や学校ではあまりしゃべらないと言う親は、ことばの先取りをしている可能性がある。

 また、先取りされるということは、話したい意欲が削がれるマイナスな働きを生み出すことになる。ことばを話すという行為は欲求であり、衝動なのである。ことばを先取りされるという行為は、話したい欲求が満たされない結果に終わり、欲求不満に陥る。そして、話す意欲も削がれる。私の経験から、ことばの先取りをする人のことばは、半分程度間違っていた。そのたびに、「また最初っから言わないといけない」と腹立たしく思った経験がある。

 もし、ことばがなかなか出ないときには、子どもが話したことばの部分を繰り返す（おうむ返し）と、子どもは「ここまで伝わった」と安心になり、その後ことばがうまく出ることがある。子どもの伝えたい気持ちに沿っているのならば、別にどもっている途中で遮っても構わない。どもっている途中に遮って悪いのは、子どもの話を最後まで聞かないことが悪いのである。

 初期の吃音の場合は、言い直しをさせる親がいる。しかし、言い直しをさせることは、効果がなく、逆にストレスをかけるので、しないでほしい。

112

○ しゃべった所まで、ゆっくり復唱する

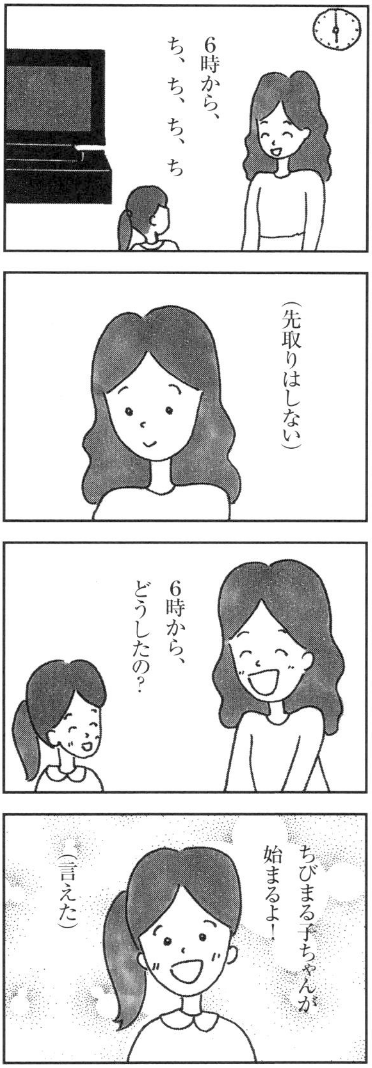

× ことばの先取りをしない

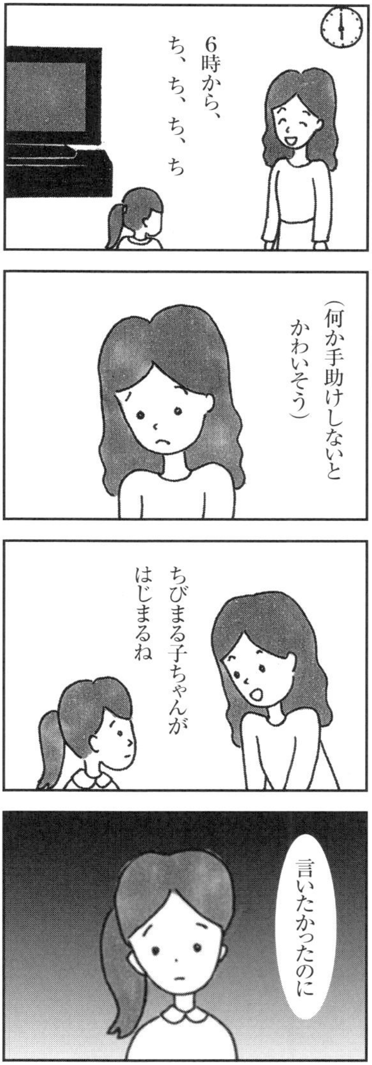

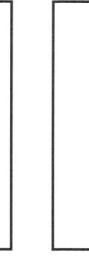

邪魔されない発話場面を確保する

慌ただしい生活をしていたり、きょうだいがいたり、ことばの先取りをされたりすると、伝えたい欲求が満たされず、欲求不満になり、話す意欲が低下し、自己肯定感も低下する。

リッカムプログラム（92ページ参照）から学ぶことは、1日10分だけでいいので、吃音のある子が主役になれる時間を作ることである。吃音のある子どもが安心して、話せる時間を作ることが効果はあり（6回176）、欲求を満たすことができるのである。それは母親だけが時間を作らないといけない訳ではなく、父親にも協力してもらいたい。お風呂場でもいい。吃音のある子に10分間の「特別な時間」を用意することが、話したい意欲を育てるのである。

1人っ子の場合は可能だが、きょうだいがいるとたとえ10分であっても、1人の子だけに時間を作るのはなかなか難しい。吃音があっても、他のきょうだい以上に話す子の場合はそのままでもいい。しかし、吃音のために他のきょうだいと競って話す場面で自分の言いたいことを控える子であれば、その子のことばを拾うだけでも効果はある。「か……」と難発性吃音になり、話すのを中止した子がいたら、「待っているよ」「か、の次は何のことば？」など声をかけて、話したい「意欲」をもたせるといい。「この子は他のきょうだいと違って無口なの」と心配している親には、伝えたいことである。元々無口な子どもはいないのである。

朗読で「交互読み」を行なっても良いだろう。句点や1行ごとに、親と子が交代に読む。すると、子どもの朗読スピードは落ち、親が自分を注目していることも実感でき、子どもは喜ぶようである。

○ 安心して、話せる時間を作ることが、大切	× 「あと」って言って、時間を作らない

左側（○）：

1コマ目：
- 子ども：「おかあさん、あのね」
- 母：「今、忙しいあとで聞くよ」

2コマ目：
- 母：「さっきはごめんねどうしたの？」

3コマ目：
- 子ども：「あ、あ、あのね ○○を発見したんだ」
- 母：「すごいねー」

4コマ目：
- 子ども：（うれしい！）

右側（×）：

1コマ目：
- 子ども：「おかあさん、あのね」
- 母：「今、忙しいあとで聞くよ」

2コマ目：
- 子ども：「あとっていつなんだろう？」
- 母：「もう忘れただろう」

3コマ目：
- 母：「ゆっくりしゃべりなさい」
- 子ども：（あとってないんだ）「あ、あ、あのね」

4コマ目：
- 子ども：（ことばがつっかえるから悪いんだ…）

第5章　吃音のある子の親に伝えたいこと

子どもが「ほめられている」と実感する回数を増やす

子どもは、「ほめられている」と実感することで自己肯定感が増し、話す「意欲」も増す。リッカムプログラムで証明されたのは、吃音はオペラント学習により左右され、ほめられることで軽減につながるということだ。

また、吃音のある子にお手伝いをさせることをお勧めする。忙しく、責任感の強いお母さんほど、子どもにさせたら時間がかかると思って、お手伝いをやらせずに子どもがほめられる機会をなくしている。お手伝いは、「親がこれをしなさい」と決めるよりは、本人が「このお手伝いをしたい」と言わせるようにさせるのがいい。

「ほめてみましょう」と私が伝えると、「うちの子どもはいたずらばかりして、ほめられることはほとんどしない」とある母親が嘆いていた。私は『ありがとう』という感謝のことばを子どもに言うと、子どもはほめられていると感じますよ」と伝えている。「それ取って」と子どもにお願いして、親が受け取ったら「ありがとう」と言うだけで、十分にほめていることになる。

お世辞のほめことばは聞く人にとって不快になるかもしれないが、「ありがとう」は万人に通じる魔法のことばだと思っている。「ありがとう」が当たり前の家庭で育った子は、ソーシャルスキルが上達しやすいだろう。子どもだけではなく、夫婦で「ありがとう」と言うと家庭が円満になり、子どもにも良い効果を生みだす。

子どもの行動に親が腹を立てたり、叱りたくなったときは、その場から離れるだけでも効果がある。タイムアウト（88ページ参照）の原理である。親が自分で自分の感情をコントロールできる方法である。本当は叱りたくないのに、感情的に叱ったあと、後悔し落ち込む親も多いと聞く。

◯ 内容を一緒に喜ぶ	✕ 話し方に注目
診てもらっていますよ / 息子さんどもる癖があるね	気にしていたけど / 息子さんどもる癖があるね
さ、さ、さ、さ、さっきねー	さ、さ、さ、さ、さっきねー
何があったの？	ゆっくり話しなさい 深呼吸して
（もっと話したい）	（話し方が大事なんだ）

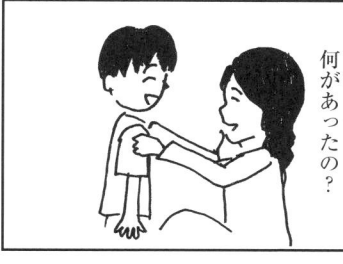

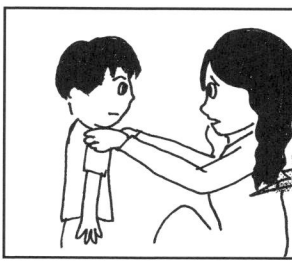

第5章　吃音のある子の親に伝えたいこと

聞き上手になろう

① ことばを復唱する（おうむ返し）

育児に没頭していると、子どもの問いかけに対して、「うん」「そうだね」と言いながら相づちだけしか打たない親は多い。

左の4コママンガでも示したが、相手の言ったことばを、そのまま返したり、要約して言ったりすると、相手は「伝わった」という実感を認識する。吃音の際も、この復唱は効果がある。吃音のある人は絶えず「伝わったかな」「聞き返されたらどうしよう」と思っている。しかし、聞き手が復唱することで、「ここまでは伝わっているな」という安心感がまずできる。すると、話そうとしていた長い文を短く細切れにすることができるので、吃音は自然と軽減されるのである。

② 交代交代に話す

吃音のある子にとって一番良い状態は、時間的なプレッシャーから解放されることである。親が1つ話したら、子どもが話すまで間を作る。ゆったりした雰囲気の中、交代交代に話すことが、時間的なプレッシャーを最小限にできる。同じようなことだが、親が話す合間合間に、少しの時間を取ることである。つい次々に質問をしたり、早口でまくしたてたりしがちだが、吃音のある子にとって、時間的なプレッシャーの少ない環境が一番良いことを覚えていてほしい。

○ ことばの復唱が、伝わった感を高める	× うなずきだけでは、伝わった感が低い
「腹が立ったよ！」「どんなことで、腹が立ったの？」	「腹が立ったよ！」「うん」
「びっくりした！」「びっくりしたね」	「びっくりした！」「うん」
「できたよ！」「おー、すごいできたね！」	「できたよ！」「そう」
「聞いてくれてありがとう もっと話したい」	「聞いているの？ 話すのが嫌になった」

第5章　吃音のある子の親に伝えたいこと

「なぜ僕はことばがつっかえるの？」と質問されたら、無視せず応える

吃音のある子は、「なぜ僕はことばがつっかえるの？」と必ず親に一度聞く。「吃音を意識させるといけない」と誤解していた親の中には、「吃音を意識させまい」と質問に応えなかったり、過剰に心配する人がいる。このように子どもから問われたときは、友達に質問されて応え方がわからず教えてほしいと思っている場合がある。「誰かにそう質問されたの？」と聞いてみてもいい。

「なぜ僕はことばがつっかえるの？」という質問は、吃音の医学的な原因を知りたいわけではなくて、「僕は今のままでいいの？　いけないの？」と親に確認をしていることも含まれている。

ここできちんと応えてあげると、自分に自信がもて、自分の力で吃音の指摘・からかいにうまく対処できるようになる。回答は多く準備していたほうがいい。親が伝えやすい内容で構わない。

- 「○○ちゃんはどう思う？」と聞き返してもいい。
- 『きつおん』って言うんだよ。ちょっと調べてみよっか」
- 「どもる癖があるんだよ。今のままでいいよ」
- 「頭の回転が速くて、口がついてこないからだよ。そのままでいいよ」

そして友達からも「なんで○○くん、あんな喋り方なの？」と必ず言われる。そのような場合、友達の発見を無視せず、その子が納得するまで説明してあげるべきである。「話し方の癖なんだ。一生懸命しゃべっているから真似したり笑わないでね」と言うと、多くの子どもは納得して、普通に接してくれるようになる。その行為が吃音を世に広める大切なことである。

120

第5章 吃音のある子の親に伝えたいこと

◯ 今のままを認める	✕ 質問を無視する
なんで、声がつっかえるの？	なんで、声がつっかえるの？
「なんでだと思う？ 頭の回転が速すぎて、口がついてこないからよ」	（吃音を意識させてはいけない）「…あっ、夕飯の準備をしなきゃ」
そっかつっかえてもいいの 言いたいことを言えばOK	（今の質問はタブーだったんだ）
（自己肯定感アップ）今の僕でいいんだ	悩みがあるけど、自分からは相談できない

「あなたは悪くない」「そのままでいいよ」と伝えよう

「吃音をオープンに話そう」ということを提案しているが、親がオープンに話したいときに、吃音のある人が困る場面（63ページ参照）を理解した上で、さりげなく質問すると良い。一度吃音の話をオープンにすると、自然と本人から吃音の話が出てくることもある。

子どもから「吃音で笑われた」「うまくしゃべれない」という悩みを聞いたら、まずアドバイスをするよりも、詳しい具体的な状況を聞いてほしい（少なくとも3つ）。「吃音で笑われた」と言われたら、「何の時間で?」「国語の時間」「本読みで?」「うん」「何人に笑われたの?」「2人」「どんな気もちになった」「悲しい気もち」と状況を聞いてみる。具体的な場面から、子どもの感じた感情までを聞き出した上で「あなたは悪くない」と伝えてみよう。「ゆっくり話したら大丈夫」などとどもらないアドバイスをしても、逆効果である。ただ愚痴りたいだけなのである。

同様に、「うまくしゃべれない」と言ったら、「どのことばが苦手?」「ひだり」「誰かに笑われた?」「笑われてはいない」「言いにくいことばの前は不安になるかな?」と会話を続けて、最終的には、「あなたは悪くない」と伝えることが大事である。

「どもってもいいんだよ」と家庭内で言っていても、本人が希望するならば、言語の専門家の言語聴覚士に相談してもいい。家族以外の人にも支えとなる人がいると、本人にとっても心強い。思春期になると、自分で解決したいと思うようになる。「つらかったら言語聴覚士の所に行ってもいいんだよ」とさりげなく伝え、本人が自分の力で乗り越えたい様子ならば、それを尊重すべきである。

第5章 吃音のある子の親に伝えたいこと

〇 今のあなたでいい	× 治ってほしい

○側：
- お、お、お、おかあさん
- (母の思い)今の言いたい内容を聞こう
- 「ひひひるやすみ ドドッジボールして」「そぉ〜」
- (子の思い)どもる自分に自信をもっていいんだ

×側：
- お、お、お、おかあさん
- (母の思い)吃音があると、将来困るだろう
- 教材購入「吃音は治る」
- これでも治らなかった 治らないと親から認められない

「かわいそうだから」と話すことを回避させない

親が子どもを助けられるのは高校生までである。それ以降は、周りの人の助けが必要となる。

子どもが「学校の本読みが怖い、嫌」と訴えたときに、「それはかわいそうだ」と思い、あらかじめ困るだろうという配慮で、学校の先生に「この子には本読みをさせないでください」と伝えていた母親がいた。特に、親も吃音のある人の場合は、自分の過去の経験から、「私は朗読が辛かった。きっと子どもも辛いはず」と子どもの気持ちを確認せずに、学校の先生に子どもが朗読をしないように配慮をお願いすることもある。親子で吃音の場合は、感情的になりやすいので、子どもだけではなく、親の過去の体験も十分に理解するべきである。

「本読みをしなくていい」と言うと子どもは喜ぶかもしれない。ホッとして、「ありがとう」と言うこともあるだろう。しかし、その方法が通用するのは、高校生までである。親がよかれと思って、回避させたことが、本人にとって当たり前になるのである。ただでさえ、吃音の人は社交不安障害（対人恐怖）に4倍なりやすい（32ページ参照）と言われている。困難を回避する経験を覚えると、「辛ければ、逃げればいいんだ」という思考回路になり、それが癖になり、転職を繰り返している人もいる。

吃音のある人の多くは自分1人で解決しようとする。幼いころから吃音をオープンにして、多くの人に受け入れてもらえる体験を積み重ねることができれば、吃音を1人で抱え込まず、必要なときに助けを求められるようになることにつながる。学校の本読みが苦手ならば、先生と本人が直接話してみるといい（3回176）。吃音をわかってくれる先生の前であれば、本読みをする苦痛はかなり軽減される。

○ 年齢相応のことはさせる

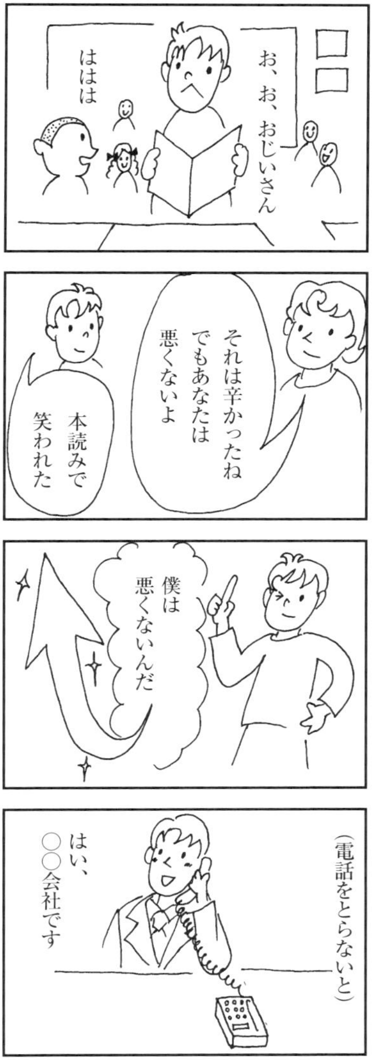

× 嫌なことを回避させる

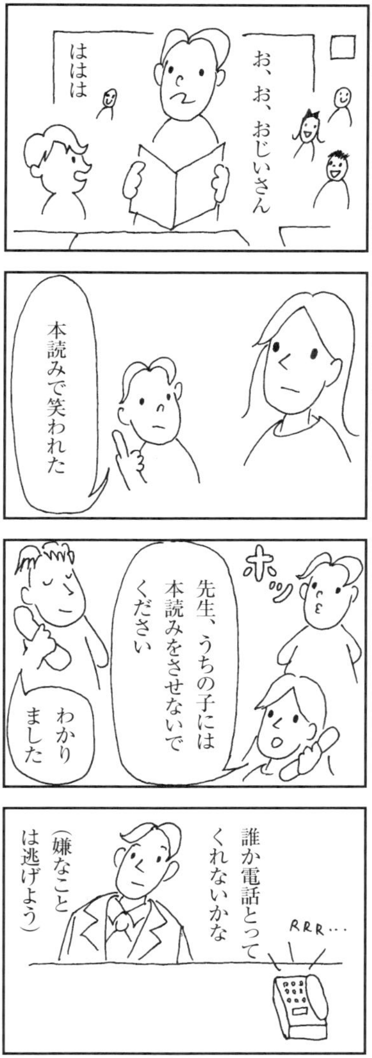

コラム5　けいれん性発声障害と吃音の違い

　「声が出なくなる」ことを主訴に大学病院の音声外来に来院する人がいる。近年、その中には「けいれん性発声障害」ではないだろうか？　と心配して外来に来る吃音者もいる。下図にこの2疾患の違いを示す。

　けいれん性発声障害は主に、10歳を越えて発症することが多く、つまるのは語頭だけではない。始めのことばだけでなく、それ以降もつまりが続き苦しそうな（努力性）音声である。したがって、けいれん性発声障害と難発性吃音の鑑別は、声を聞くだけで明らかである。そして、吃音は100人に1人存在するが、けいれん性発声障害の頻度は数万人に1人とも言われている稀な疾患である。そのため、元々吃音と言われていた人が、「私はけいれん性発声障害ではないだろうか？」と心配しながら来院しても、ほとんどが吃音と診断されるだろう。

　けいれん性発声障害には、ボツリヌス注射（声帯筋肉を弛緩させる）や手術により、声のつまりが軽減する人もいる。ただボツリヌス注射は、吃音の人には効果がない。けいれん性発声障害とは原因も症状も違うのである。そういう事例に遭遇するたびに、「難発性吃音と言って、声がつまる症状なんだよ」と親は子どもに知らせておく必要性を感じる。

	吃音 （難発性）	けいれん性発声障害 （内転型）
共通点	電話・人前で声がつまる 心理的な影響を受けやすい	
頻度	100人に1人（成人）	数万人に1人（不確定）
発症年齢	2～4歳	10歳以降
つまる場所	語頭がほとんど	語頭に関係ない
歌	つまらない	つまる人が多い

第6章

吃音のある人に伝えたいこと

あなたは悪くない（完璧な人間はいない）

世界中どこにでも100人に1人は、あなたと同じようにことばをすらすらしゃべることができない人がいる。あなたがどもって、誰かに笑われたり、怒られたりしても、あなたは1人ではないのである。吃音があっても劣等感を感じる必要はない。自分の話し方に劣等感を感じるならば、世界中の吃音者が劣等感を感じなければならなくなる。

吃音がある人でも、あらゆる職業に就いている。自分に自信をもち諦めなければ、どんな職業もできる。その証として、教師、保育士、医師、看護師、言語聴覚士、救命救急士、警察官、作家、芸能人、映画俳優、プロゴルファー、ノーベル賞受賞者、アナウンサー、営業マンに総理大臣、そして国王にもなった吃音者がいる。「自分1人だけ……」と思うことがあれば、全国にある吃音のセルフヘルプグループに参加することを勧める。同じ経験をした人たちが待っている。

そして、完璧な人間なんていないことも知っておくといい。完璧主義があると身動きが取れなくなってしまう。ちょっと失敗してもいいではないか、と私は思う。「どもっていてもいいんだよ」は、吃音のある人よりその周りの人に、よく知ってほしいことばである。

吃音のある人は自分で全て解決しようとするので、他人にもっと甘えてもいいということを学ぶ必要がある。一番難しい電話の応対を誰かに頼ることもはずかしいことではない。

○ どもるあなたは
わるくない

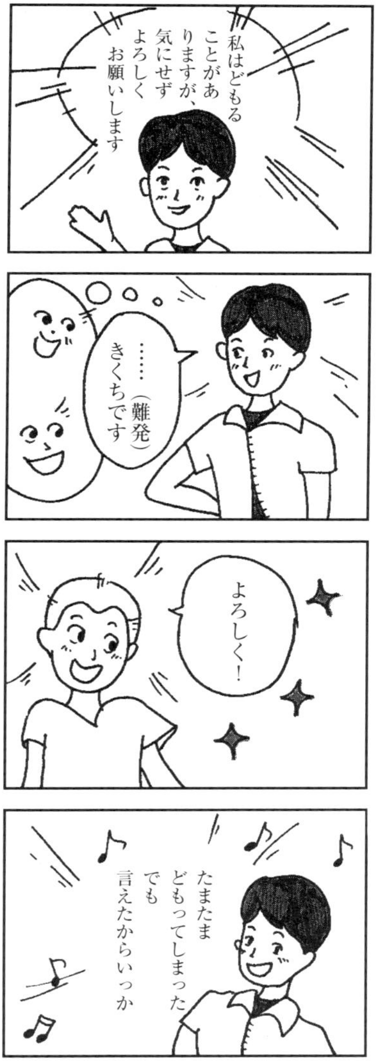

× どもるのは自分の
努力不足だと思う

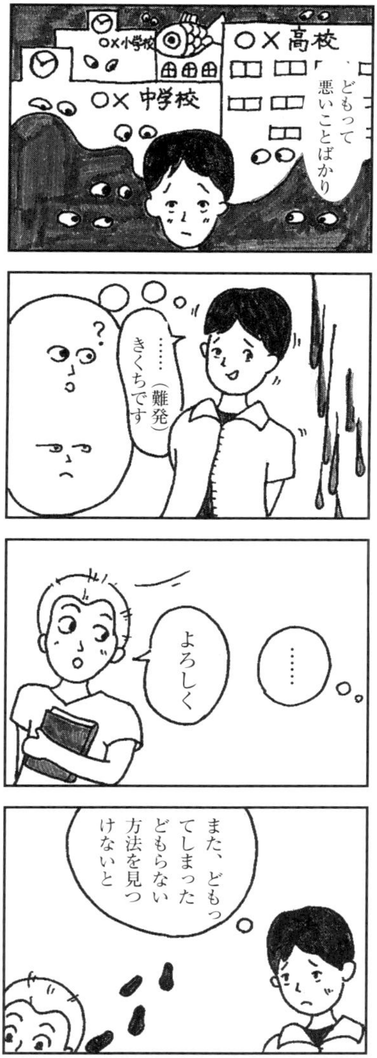

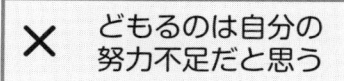

誤解されるのは吃音を隠す行為である

吃音を隠すための行動は、聞き手側に否定的な反応を与えることが多い（27ページ）。その反応から、吃音のある人は「どもりたくない」とさらに思いこむのである。吃音の話をオープンに話したことのない人は、なおさら、「吃音＝悪いこと」と自分で判断してしまう。

しかし社会人になり、どもったことで怒る人はほとんどいない。しかし、「どもりたくない」から、しなくてはいけない行動をしない（回避）では、当然怒られる。回避をする人は、不誠実な人と誤解されてしまうのである。吃音を隠す努力はしてもいいと思うが、「回避だけはできるだけしないように頑張ってほしい」と相談に訪れた人に私は言う。一度、不誠実な人と思われると、吃音のあるその人の評価も下がり、ますます話しにくい雰囲気となり、悪循環する人もいる。

また、言いにくいことばを言いやすいことばに言い換える（語の言い換え：第３層）ことも、やめるようにアドバイスしている。語の言い換えができるときには、ホッと安堵するが、言い換えられないことばのときには、予期不安が強まり、どもってしまうと落ち込み反省する。語の言い換えを続けていると、いつまでも予期不安と落ち込みは持続する。

「苦手なことばが言えない」と思っているのは、本当にそうだろうか？ 10秒以内には言うことはできないだろうか？ ことばが出ない難発性吃音のときは、声帯を締めすぎているのである（22ページ参照）。ブロックの抜け出し方は、喉に力を入れても逆効果である。喉の力を抜きながら（軟起声）、苦手なことばにチャレンジする発声訓練は意味があると思う。

〇 どもっても、笑顔で話す	× 吃音を隠す行為が誤解される
おはよう	おはよう　ビクンッ
お、お、おはよう	（調子悪い…）
挨拶返してくれた	挨拶しないなんて、愛想の悪い人
笑顔で「おはよう」言ったからいいや	どもるよりいいでしょ

第6章　吃音のある人に伝えたいこと

吃音を公表する

吃音のある人を診察していると、皆口を揃えて、「今日はいつもより調子がいい。吃音のことをわかってくれる人の前だからかな」と言う。それならば、吃音のある人とかかわるできるだけ多くの人に、吃音のことをわかってもらえることは、吃音軽減に有効な方策であるし、心理的な負担も軽減できる。

新しい人間関係を築くときに、まずお勧めしているのは、自分の吃音を理解してもらうことである。「私は緊張すると、どもったりします」「昔から吃音という、時々ことばがつっかえることがありますが、せかさず待ってください」など、どもり・吃音・つっかえるという用語を使って吃音をカミングアウトしてもいい。また、直接口で伝えるのに、「すらすらしゃべれないことがある」と思ってもらうためにわざとつっかえてもいい。自己紹介のときに、堂々とどもっている人は、吃音を公表しなくてもいいが、吃音を恥ずかしいもの、隠したいと思っている人ほど、吃音を公表すると精神的に重荷が取れる。なぜ始めに吃音の公表を勧めるかと言うと、最初に吃音がない人のように振る舞ってしまうと、吃音を隠す努力を続けることになる。すると、どうしても調子が悪いときなどに吃音が出てしまうので、そのときに回避などによって不誠実な態度を取ると、一気に信用を失ってしまう。

吃音の公表はどもったときに相手が驚いた表情をしたり、笑われたりする反応を防ぐ働きよりも、実は吃音のある本人に大きな効果がある。しかし、吃音を公表することは、吃音を隠す努力を続けていた人にとって、自分に吃音があることを認めてしまうことであり、とても勇気のいることである。吃音を公表したいけど、迷っている人は私にメールをください。一緒に一歩踏み出そう！

○ どもることはだれも悪くない	× どもるのは自分の努力不足のせいだと思う
私には吃音がありますが、気にせずよろしくお願いいたします	どもっていいことはなかった　吃音を隠そう
き、き、き　きくちです	き、き、き　きくちです
言えたからいっか	どもってしまった
（楽しく会話）	なんとかして、どもらない方法を見つけよう

第6章　吃音のある人に伝えたいこと

コラム6　吃音の自己療法の本から学ぶこと

　アメリカでの吃音に関して最大の活動をしているのは吃音協会である。その創立者であり初代会長だったマルコム・フレーザ氏が『ことばの自己療法』[1]の中で述べている12の基本原則を紹介する。特に3ができると、精神的にも肉体的にも楽になる。
1．どもるときも、どもらないときも、いつもゆっくり慎重に話す習慣をつけなさい。
2．どもったときは、無理に言おうとせず、楽に、穏やかにどもりなさい。
3．公然とどもり、自分が吃音者であることを隠さないようにしなさい。
4．随伴症状（異常な仕草、顔の歪み、体の動き）を認識し、それを除くようにしなさい。
5．すべての回避、助走、言い換えの習慣を止めるよう最善を尽くしなさい。
6．話し相手と目を合わせなさい。
7．どもるとき、発話筋がどのような不適当な動きをしているか分析し、確認しなさい。
8．どもったときの異常な動きを修正し、それを除去するために、ブロック矯正法を利用しなさい。ただし、前項7ができてから。
9．話している間、絶えずことばが先に進むように、心がけなさい。初めのことばにこだわらなくてよい。
　（例：か、か、か、か、かまきり→か、まきり）
10．不自然な発音ではなく、しっかりとした声で抑揚とメロディーをつけて話しなさい。
11．自分のもっている流暢な話し方の部分に、もっと注意を向けなさい。
12．この基本原則にしたがって矯正している間、できるだけたくさん話しなさい。

資　料

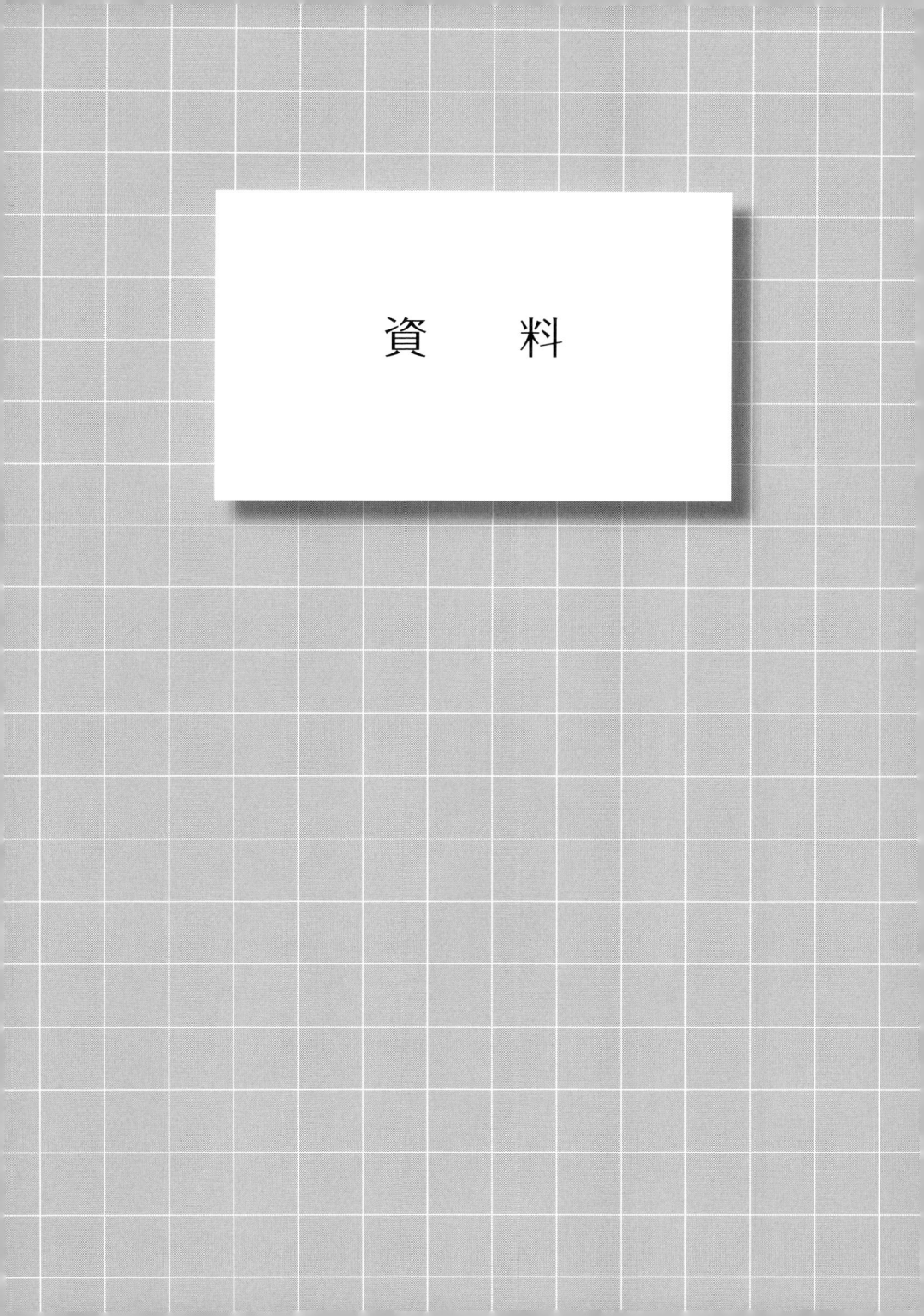

学校の先生へ

吃音症（どもり）について

　吃音（きつおん）は、しゃべることばに連発（ぼ、ぼ、ぼ、ぼくは）、伸発（ぼーーーくは）、難発（……ぼくは）などが起きて、滑らかに発話できないことを指し、100人に1人は吃音がある。2011年に吃音のあるイギリスの王ジョージ6世の映画『英国王のスピーチ』がアカデミー賞を受賞したことで有名になった。

　吃音は、言語発達の盛んな2～4歳ころに発症するもので、原因はまだ特定されていない。吃音の治療法はまだ確立されていないが、吃音によるいじめなどがなければ、年齢を重ねるにつれ、自然と軽減していくものである。精神的な弱さが吃音の原因と誤解されることがあるが、先生が精神的に強くしようとしても治すことはできない。吃音は最初のことばで発生することがほとんどであり、2人以上で声を合わせる（斉読）や歌では、吃音は消失する。

	連発 （最初のことばを繰り返す）	難発 （最初のことばが出るのに時間がかかる）
苦手な場面	本読み、発表、劇、健康観察、 日直、号令、自己紹介	
得意な場面	友達との会話、得意な話をするとき	
困ること	真似される 笑われる	「早く言いなさい」とせかされる 答え・漢字がわからない誤解される 一生懸命話そうとするが声がでない
先生が できること	①吃音のからかいをやめさせる（少しの真似でも、傷つく）。 　クラスで吃音のからかいがあったら報告させる。 ②話すのに時間がかかっても待つ。 ③話し方のアドバイスをしない（ゆっくり、深呼吸して、落ち着いて、など）→効果がなく、逆にプレッシャーになる。 ④本読み、号令などの対応を本人と話す。	

吃音の説明ロールプレイ
先生「○○くんは、ことばを繰り返したり、
　　　つまったりすることがあるけど、それを
　　　真似したり、からかわないように。
　　　もし真似する人がいたら、先生まで教えてね」
児童「なんで真似してはいけないのですか？」
先生「わざとしている訳ではないから」
児童「わかりました」

先生の一言が非常に効果があり、子どもは助かります。

出典：菊池良和著『エビデンスに基づいた吃音支援入門』学苑社

幼稚園・保育園の先生へ

吃音症（どもり）について

　吃音（きつおん）は2～4歳に5％（20人に1人）の割合で発症するが、約4割の子が3歳児健診以降に発症する。そのため、幼稚園・保育園の先生が相談される機会が多いだろう。発症後4年で、74％の子が自然回復するが、吃音の家族歴がある子、男の子は回復する確率は減る。親の育児方法や園の接し方が発症の原因ではない。吃音は言語の発達過程で生じてしまうものであり、世界中同じ割合で発症しているのである。新学年、新学期には吃音の症状が一旦増えるが、時間とともに軽減することが多い。幼稚園・保育園の先生に一番してほしいことは、子どもたちへの吃音の説明や、吃音の真似をしている子がいたらやめさせてほしい。歌や2人で声を合わせると、どんな子でも吃音は消失する。

吃音の進展段階

	吃音症状	心理的な負担
第1層	・お、お、お、おかあさん（連発） ・おーーーかあさん（伸発）	小 ↓ 大
第2層	・・・・・おかあさん（難発） ・顔や首に力が入る、手や足でタイミングを取る（随伴症状）	

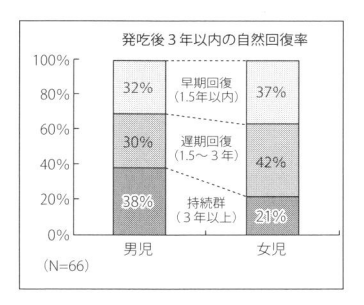

発吃後3年以内の自然回復率

	男児	女児
早期回復（1.5年以内）	32%	37%
遅期回復（1.5～3年）	30%	42%
持続群（3年以上）	38%	21%

（N=66）

先生が できること	①吃音のからかいをやめさせる（少しの真似でも、傷つく）。 　クラスで吃音のからかいがあったら報告させる。 ②話すのに時間がかかっても待つ。 ③話し方のアドバイスをしない（ゆっくり、深呼吸して、落ち着いて、など）→効果がなく、逆にプレッシャーになる。 ④2人で声を合わせて話すと、吃音が消失することを知っておく。

吃音の説明ロールプレイ
先生「○○くんは、ことばを繰り返したり、
　　　つまったりすることがあるけど、それを
　　　真似したり、からかわないように。
　　　もし真似する人がいたら、先生まで教えてね」
幼児「なんで真似してはいけないのですか？」
先生「わざとしている訳ではないから」
幼児「わかりました」

先生の一言が非常に効果があり、子どもは助かります。

出典：菊池良和著『エビデンスに基づいた吃音支援入門』学苑社

年　月　日

家族の方への問診票

氏名：＿＿＿＿＿＿＿＿＿＿＿＿

当てはまる方に〇をつけてください。

吃音に初めて気づいたのはいつですか？		歳　　カ月
急に（1〜3日）発症しましたか？徐々に（1週間以上）発症しましたか？		急に　徐々に
親戚や家族に吃音のある人がいますか？		はい　いいえ
思い当たる吃音の原因がある（具体的に：　　　　　　　　　　）		はい　いいえ
子どものことばがつっかえていると、責められる感じがする		はい　いいえ
親の前で苦しそうに話した経験は、子どもが将来覚えていると思う。		はい　いいえ
子ども が	話し方を気にする（例：「口がうまく動かない」「つっかえる」「もう話せない」「何か喉が蓋をされる」と言う）	はい　いいえ
	助けを求める（例：「上手に話せない」「医者に診てもらいたい」「お薬ちょうだい」）	はい　いいえ
	困った表情をする（例：ため息、親の顔を見る）	はい　いいえ
	つっかえたら、話すのをやめる。話す場面を回避する	はい　いいえ
	我慢ならない様子（例：どもると、「いつもダメだ」と言ったり、頭を動かす）	はい　いいえ
発音が間違っていたり、不明瞭で聞き返すことが多い。		はい　いいえ
この1週間で、一番長い吃音の時間はどのくらいでしたか？		秒
どもるときに、顔に力が入ったり、手足でタイミングを取ったりする。		はい　いいえ
①子どもと2人でじっくり話す時間がない（きょうだいは本人含めて　　人）		はい　いいえ
②子どもをあまりほめない。		はい　いいえ
③子どもが話したことばを、意識して、復唱やわかりやすいことばで言い換えない。		はい　いいえ
④子どもがことばにつっかえていると、ゆっくり、落ち着いて、深呼吸してなどのアドバイスをする。		はい　いいえ
⑤ことばがなかなか出ないので、言いたいことばを先取りして、言っている。		はい　いいえ
⑥ことばがつっかえることを、子どもが友達にからかわれている。		はい　いいえ
⑦目の前で子どもの吃音の真似を友だちがしていたら、何と声かけますか？（　　　　　　　　　　　　　　　　　　　　　　　　　　　　）		
⑧「なぜことばがつまる（繰り返す）の？」と、子どもから質問されたら、どう応えますか？（　　　　　　　　　　　　　　　　　　　　　　　　　　　　）		
⑨「最近、調子悪い」と子どもが言ったら、どう声かけしますか？（　　　　　　　　　　　　　　　　　　　　　　　　　　　　）		

・来院しようと思ったきっかけは何ですか？

・吃音（どもり）について知っていること（インターネット、本）、また聞きたいことをお書きください。

（文責：九州大学病院耳鼻咽喉科　菊池良和）

年　月　日

ご本人への問診票

氏名：＿＿＿＿＿＿＿＿＿＿

当てはまる方に○をつけてください。

	来院しようと思ったきっかけは何ですか？	
	(　　　　　　　　　　　　　　　　　　　　　　　　　　　　　)	
C	ことばがつっかえるのに気づいたのはいつごろですか？ どんな場面でした？（具体的に　　　　　　　　　　）	歳
C	相手につっかえる（どもる）ことを知られたくない	はい　いいえ
C	自分の吃音をコントロールできない	はい　いいえ
A	話す直前に、うまく言えるか、つっかえる(どもる)か、不安になる	はい　いいえ
A	言いにくいことばがあると、言いやすいことばに置き換える	はい　いいえ
A	本当は、ことばを置き換えずに話したい	はい　いいえ
A	ことばがつっかえた後、落ち込んだり、自分を責める。	はい　いいえ
A	ことばがつっかえた後、そのストレスを吐き出すことができない	はい　いいえ
A	相手は悪くない、悪いのは全部自分である	はい　いいえ
A	とっさの一言が言えないのが、なによりも困る	はい　いいえ
A'	うつうつとした気分がほとんど毎日続いている。	はい　いいえ
A'	何をしても、興味をもって取り組めないし、喜びも感じられない。そんな気分がほとんど毎日続いている。	はい　いいえ
L	苦手なことばがある （具体的に　　　　　　　　　　　　　　　　）	はい　いいえ
M'	ひとり言では、すらすらしゃべれることが多い	はい　いいえ
M'	歌では、つっかえない（どもらない）	はい　いいえ
M	話すときに、余計な力が入っている（どこに　　　　）	はい　いいえ
S	苦手な場面、場所がある（具体的に　　　　　　　）	はい　いいえ
S	苦手な人がいる　　（具体的に　　　　　　　　　）	はい　いいえ
S	つっかえることでからかわれたり、いじめられた経験がある	はい　いいえ
S	つっかえていたら、「落ち着いて」「ゆっくり話して」と言われる	はい　いいえ
S	伝えないといけないことでも、ことばがつっかえるから、伝えなかったことがある	はい　いいえ
S	ことばがつっかえる（どもる）ので、「できない」ことがある	はい　いいえ

具体的には？

例:発表、日直、スピーチ、電話をとられない、予約などの電話をかけられない、散髪、店員さんと話す店には行かない、映画館に行けない

（文責：九州大学病院耳鼻咽喉科　菊池良和）

3歳児健診用

「ことばを繰り返す」ことに気づいた親御さんへ

　吃音（きつおん：どもり）は2～4歳の間に、人口の5％（20人に1人）に発症する。3歳児健診のときは、約3％（約30人に1人）の割合で存在する。ことばの繰り返し（連発性吃音）、引き伸ばし（伸発性吃音）、始めの一音がなかなかでない（難発性吃音）の3種類がある。なめらかに話すことができない疾患と言われている。難発性吃音は3歳児健診のときは少ないが、時間がたつうちに生じていくものである。

　下図は正常範囲と吃音の特徴を示す。明確に吃音とわかるのは、語頭の一語を繰り返したり、引き伸ばしたり、始めの一音がなかなかでないときである。

	正常範囲	吃音
	1歳半～6歳	2歳以降
特徴	あの、えーと、などを使う（挿入） ボ、でんしゃに乗りたい（言い直し） ボール、ボールで遊ぼう（語の繰り返し） が多い。	ボ、ボ、ボ、ボール （語頭の一語を繰り返す） おーーーかあさん（引き伸ばし）が多い。 始めの一音がなかなか出ないこともある

しないでほしいこと

・話し方のアドバイスをする（ゆっくりと話して、落ち着いて、深呼吸して、など）
→早口のときに、どもる量が増える。したがって、ゆっくり話せばどもる量が減るのではないかと考え、ほとんどの親が「ゆっくり話しなさい」と話し方のアドバイスをしてしまうものである。しかし、発話の未熟な幼児には、ゆっくり話すことはできない。そのため、親の期待に応えられない自分に劣等感を感じる。吃音は親が悪いから発症するのではない。吃音の40％は急性（1～3日）に発症するものである。子どもがどもっていても、親が落ち着いて、ありのままのわが子を受け入れてほしい。

・どもったら言い直させる
→言い直させられ、どもらず言えると、言い直しが効果あるのではないかと勘違いする。しかし、言い直しにより、吃音が治ることはなく、逆にストレスを与える。

・子どもの話し方を真似する
→かわいい自分の子だから、どもってもかわいいと思う親はいる。しかし、わざとしているわけではないのに、真似をしてからかうことは、幼ない心でも傷つく。大人になっても「真似してほしくなかった」と鮮明に覚えている人もいる。

吃音は治るの？

　ことばの繰り返しが始まり、男児は3年で60％、女児は80％自然と治る。しかし、家族に吃音がある場合は、自然と治る確率が下がる。成人になっても吃音が持続する人が人口の1％（100人に1人）は存在する。その割合は、国や文化、人種が異なっても、ほぼ同じ割合である。吃音が残っても、周りの人の理解があれば、どんな職業にだって就くことができる。※吃音を急激に止める治療法はない。

　もし、吃音が半年以上続いている場合は、このパンフレットをもらった保健所（福祉保健センター）、母子保健センターなどに問い合わせて、言語聴覚士に経過をみてもらうことをお勧めする。

出典：菊池良和著『エビデンスに基づいた吃音支援入門』学苑社

家族の方へ

吃音（どもり）とは

連発・伸発・難発のため、なめらかに話せないこと。2～4歳ころにことばの発達の途中で5％に発症する。どもるのは、ほとんどが最初のことばである。歌を歌うときや、2人で声を合わせるとどもらない。連発と伸発の吃音だけであれば、苦しくない。

吃音の進展段階

	吃音症状	心理的な負担
第1層	・お、お、お、おかあさん（連発） ・おーーーかあさん（伸発）	小 ↓ 大
第2層	・……おかあさん（難発） ・顔や首に力が入る、手や足でタイミングを取る（随伴症状）	

吃音が治らなかったら？

吃音には症状の波がある。どんなに吃音が重くなっても、話す意欲を失わなければ、また吃音は軽くなる。成人になると、中学生をピークに、親も気づかない程度の吃音に軽減する人が多い（右図）。だから吃音以外の支援をしていかければならない。吃音があっても、吃音がない人と同様の仕事に就くことができる（例：教師、医師、看護師、警察官、弁護士、公務員、営業職など）。ただ、とっさの一言がでない（難発）は残る人が多いので、継続的なサポートが必要である。

吃音は治るの？

男児は3年で6割、女児は3年で8割治癒する（下図）。

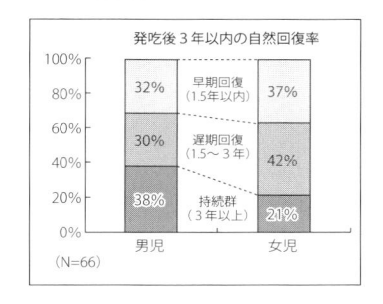

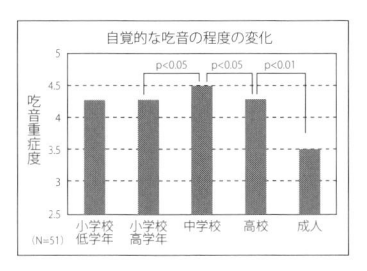

発吃後3年以内の自然回復率

	男児	女児
早期回復（1.5年以内）	32%	37%
遅期回復（1.5～3年）	30%	42%
持続群（3年以上）	38%	21%

(N=66)

自覚的な吃音の程度の変化（N=51）

小学校低学年、小学校高学年、中学校、高校、成人における吃音重症度。中学校でピーク（約4.5）、成人で最低（約3.5）。$p<0.05$、$p<0.05$、$p<0.01$

家族として何ができるのか？

しない	できること
・話し方のアドバイスをしない。 　（ゆっくり話して、深呼吸して、落ち着いてなど） ・ことばの先取りをしない。 　（待っているよ、の姿勢） ※親の9割は話し方のアドバイスをしており、その3割はことばの先取りや言い直しをしている。	・邪魔されない発話場面を確保する。 　（1日5分、難しければことばを拾う） ・聞き上手になる。 　（間を取る、交代交代に話す、おうむ返しなど） ・子どもが「ほめられている」と実感する回数を増やす。（お手伝い、「ありがとう」のことばなど）

これから起きること

本人からの吃音の質問	吃音のからかい
「なぜことばがつっかえるの？」→背景に友達の同様な質問。 「うまく話せない」→必要あれば、専門家に相談。 吃音の本を手に届く所に置いておく。	一番、大人の助けが必要。 自分でも言い返せるといい。 「あなたは悪くない」と伝えよう。

出典：菊池良和著『エビデンスに基づいた吃音支援入門』学苑社

日本語版 Checklist for Possible Cluttering ver.1 (JCPC ver.1)

	当てはまらない ←→ よく当てはまる			
1．力の入らない音節、単語、句の繰り返しがある。	0	1	2	3
2．始語が遅く、言葉の発達に遅れが見られた。	0	1	2	3
3．非流暢性が生じたのは話し言葉が十分に発達してからではなく、比較的早期であり、それが現在まで続いている。	0	1	2	3
4．次の言葉を想起するのに混乱しており、そのために発話内の語順等の構造が乱れ、言い直したりする。	0	1	2	3
5．「えっと」、「あのー」、「だからねー」、「うーんと」などの言葉、「あー」、「うー」などの挿入あるいは間を多く用いて次に言う言葉を考える様子がある。	0	1	2	3
6．最初の言葉を発する時に、次の言葉を想起できるまで、構音の構えをしてまま止まっている時がある。吃音のブロック（阻止）とは異なる症状で緊張が見られない。	0	1	2	3
7．発話速度が速い	0	1	2	3
8．外向的な子供で、発話意欲が高く、衝動的なおしゃべりをする。	0	1	2	3
9．話している際に、息つぎによって区切る箇所が不自然である。	0	1	2	3
10．構音が不明瞭で、その音が構音出来ないわけではないが、時々省略や置換が見られる。	0	1	2	3
11．構音に幼児音が残り、サ行→シャ、シュ、ショに、ツ→チュ等の音の誤りがある。	0	1	2	3
12．集中させれば、より上手に話すことができるが、長続きしない。	0	1	2	3
13．他人の指示に従うことが苦手で、忍耐に欠け、人の話をよく聞かない。	0	1	2	3
14．注意散漫で、集中力が乏しい。	0	1	2	3
15．連続的な事柄を順序立てて話すことが難しい。	0	1	2	3
16．健忘症の失名詞に似た症状で、語想起に問題が見られる。	0	1	2	3
17．「それが」、「あっちの」、「ここが」などの代名詞を不適切な箇所で頻回に使う。	0	1	2	3
18．文法、構文が未熟で、言語構造に誤りが含まれる。	0	1	2	3
19．運動的な不器用さや協調性の乏しさが見られる。	0	1	2	3
20．読みの問題がある。	0	1	2	3
21．読みづらい文字、ばらばらになってまとまりのない文字を書く。	0	1	2	3
22．書き言葉にも、話し言葉と同様な誤りが見られ、音節の省略や置換が見られる。	0	1	2	3
23．利き手の確立が遅れ、左右の認識に混乱している。	0	1	2	3
24．長い文になると、始めは大きな声で言い、最後の方はモゾモゾと言って消え行くような話し方になる。	0	1	2	3
25．話したり書いたりするよりは、速く考えているように見える。	0	1	2	3
26．抽象的なことを推論する能力は高く、算数は平均以上に良くできる。	0	1	2	3
27．リズム感は無く、音痴であり、音楽能力は低い。	0	1	2	3
28．イントネーションが不適切であり、プロソディーが単調である。	0	1	2	3
29．実年齢よりも幼く、体が小さいあるいは成長が遅い。	0	1	2	3
30．家族に同様の問題（吃音、構音障害など）を持つものが存在する。	0	1	2	3
31．だらしない、注意が足りない、短期、衝動的、忘れっぽい性格である。	0	1	2	3
32．我慢が出来ない、集中しておらず表面的な態度、あるいは癇癪を起こしやすい（キレやすい）性格である。	0	1	2	3
33．自分の行動や反応の不適切さに気づきにくく、無関心であり、自己意識が欠如している。	0	1	2	3
合計				

出典：宮本昌子「日本語版クラッタリングチェックリストの適用可能性の検討」音声言語医学 2011; 52(4): 322-328

LSAS-J 問診票

年　　月　　日　　　　　　　　氏名：＿＿＿＿＿＿＿＿＿＿

この1週間にあなたが感じた様子に最もよく当てはまる番号を、項目ごと1つだけ選んで記入してください。
項目をとばしたりせずに全部埋めてください

		恐怖/不安感 0: まったく感じない 1: 少しは感じる 2: はっきりと感じる 3: 非常に強く感じる	回避 0: まったく回避しない 1: 回避する（1/3以下の確率） 2: 回避する（1/2程度の確率） 3: 回避する（2/3以上〜100%）
1	人前で電話をかける（P）	0　1　2　3	0　1　2　3
2	少人数のグループ活動に参加する（P）	0　1　2　3	0　1　2　3
3	公共の場所で食事をする（P）	0　1　2　3	0　1　2　3
4	人と一緒に公共の場所でお酒（飲み物）を飲む（P）	0　1　2　3	0　1　2　3
5	権威のある人と話をする（S）	0　1　2　3	0　1　2　3
6	観衆の前で何か行為をする（P）	0　1　2　3	0　1　2　3
7	パーティに行く（S）	0　1　2　3	0　1　2　3
8	人に見られながら仕事（勉強）する（S）	0　1　2　3	0　1　2　3
9	人に見られながら字を書く（P）	0　1　2　3	0　1　2　3
10	あまりよく知らない人に電話をする（S）	0　1　2　3	0　1　2　3
11	あまりよく知らない人達と話し合う（S）	0　1　2　3	0　1　2　3
12	まったくの初対面の人と会う（S）	0　1　2　3	0　1　2　3
13	公衆トイレで用を足す（P）	0　1　2　3	0　1　2　3
14	他の人達が着席している部屋に入って行く（P）	0　1　2　3	0　1　2　3
15	人々の注目を浴びる（S）	0　1　2　3	0　1　2　3
16	会議で意見を言う（P）	0　1　2　3	0　1　2　3
17	試験を受ける（P）	0　1　2　3	0　1　2　3
18	あまりよく知らない人に不賛成と言う（S）	0　1　2　3	0　1　2　3
19	あまりよく知らない人と目を合わせる（S）	0　1　2　3	0　1　2　3
20	仲間の前で報告する（P）	0　1　2　3	0　1　2　3
21	誰かを誘おうとする（P）	0　1　2　3	0　1　2　3
22	店に品物を返品する（S）	0　1　2　3	0　1　2　3
23	パーティを主催する（幹事になる）（S）	0　1　2　3	0　1　2　3
24	強引なセールスマンの誘いに抵抗する（S）	0　1　2　3	0　1　2　3

P: performance（行為状況）、S: social interaction（社交状況）

出典：朝倉聡・傳田健三・小山司「社会恐怖（社会不安障害）の診断—Liebowitz Social Anxiety Scale（LSAS）の有用性を含めて—」精神科治療学 2003; 18: 263-269.

年　月　日

児童用主張性尺度（Assertiveness Scale for Children: ASC）

　　　　　　　　学年　　　　　名前

Ⅱ．この調査は、あなたが自分をどのように表現しているか調べるものです。
　あなたは、それぞれの場面でどのように行動しますか。
　　1「はい」　　2「どちらかといえばはい」　　3「どちらかといえばいいえ」　　4「いいえ」
　で、適当と思うところの番号に○印をつけてください。

1．あなたは、おもちゃをかしてほしいと言われても、かしたくないときは、ことわれる。	1	2	3	4
2．あなたは、プレゼントをもらったときは、はきはきとおれいが言える。	1	2	3	4
3．あなたは、友だちに遊びに行こうとさそわれても、行きたくないときには、ことわれる。	1	2	3	4
4．あなたは、どうしていいかわからないことは、はずかしがらないで、友だちにそうだんする。	1	2	3	4
5．あなたは、友だちが良いことをしたら、いつも「えらいね」とほめてあげる。	1	2	3	4
6．あなたは、友だちがまちがったことを言っているときは、「それはちがうと思います」とはっきり言える。	1	2	3	4
7．あなたは、むずかしくて、自分にできないことは、「できない」と言える。	1	2	3	4
8．あなたは知らない人に道を聞くのは、はずかしくてできない。	1	2	3	4
9．あなたは、買ったおもちゃがこわれていたら、店の人に「別のにかえてください」と言える。	1	2	3	4
10．あなたは、なかよしの友だちから何かたのまれても、正しくないことは、ことわれる。	1	2	3	4
11．あなたは自分の言ったことがまちがいだとわかっても、「ごめんなさい、まちがえちゃった」とすなおに言えない。	1	2	3	4
12．あなたは、むずかしくてわからないことを、先生にしつもんするのは、はずかしくてできない。	1	2	3	4
13．あなたは、とてもたいせつにしていたおもちゃを、友だちにこわされても、その友だちにもんくを言えない。	1	2	3	4
14．あなたは、やりたくないことでも、いじめっ子のたのみは、こわくてことわれない。	1	2	3	4
15．あなたは、先生が言ったことでも、へんだとおもったら、しつもんする。	1	2	3	4
16．あなたは自分がしらないことを聞かれても、「しらない」と言えない。	1	2	3	4
17．あなたは、友だちをほめるのは、てれくさくてできない。	1	2	3	4
18．あなたは、買い物をして、おつりが少ないことに気づいても、店の人に「おつりがたりません」と言えない。	1	2	3	4
合計				

ジャックと豆の木

　昔、あるところにジャックという男の子がいました。ジャックのうちはお父さんがなく貧乏でしたので、ジャックは学校へ行くこともできませんでした。
　とうとう家にはパンもなくなり牛が一匹いるだけになってしまったので、あるときお母さんがジャックに言いました。
「町へ行って、この牛を売っておいで。そしてそのお金でパンやお前のクツやズボンを買いましょう。」
　ジャックが牛をつれて元気よく歩いていると、ずっとむこうのほうから一人のおじさんがフラフラとやってきました。
「どうだね、ぼうや。その牛とこの豆と取りかえないかね？」
とおじさんが言いました。
　見るとそれは大変きれいな豆でしたので、ジャックはむちゅうで取りかえてしまいました。

84文節

資料

言語聴覚士国家試験過去問対応表

1回：18（78ページ）、157（96ページ）、175（46ページ）、176（20、28、30、36、84ページ）
2回：102（14ページ）、161（16ページ）、169（18ページ）、170（16ページ）
3回：55（92ページ）、174（46ページ）、175（22、36、62、94ページ）、176（68、124ページ）
4回：174（28ページ）、175（28ページ）、176（14、48ページ）
5回：174（20、30ページ）、175（76ページ）
6回：174（78、96ページ）、175（46ページ）、176（114ページ）
7回：67（14ページ）、174（18ページ）、175（96ページ）、176（36、40ページ）
8回：175（36ページ）、176（22ページ）
9回：174（46ページ）、175（36ページ）、176（52、78ページ）
10回：175（28ページ）、176（22、78、96ページ）
11回：1（4ページ）、88（46ページ）、187（78、96ページ）、188（36ページ）
12回：88（76ページ）、187（36、40ページ）、188ページ（22ページ）
13回：88（14、16ページ）、187（28、76ページ）、188（80ページ）

吃音支援に有用な資料

①バリー・ギター著　長澤 泰子監訳『吃音の基礎と臨床─統合的アプローチ』学苑社
　→世界の吃音研究をまとめた日本語で読める良書。特に、第10章初期吃音の臨床、第11章中期吃音の臨床のリッカムプログラムの説明は、日本語でリッカムプログラムのことを知ることができる。
②ことばの臨床教育研究会発行　絵本『どもってもいいんだよ』『どもるってどんなこと』『中学生になる君へ』
　→「吃音に向き合うため」の絵本教材。子どもと吃音の話をするときに、また保護者と吃音について理解を深める資料として活用できる。
　NPO全国言友会連絡協議会のホームページ（http://www2m.biglobe.ne.jp/~genyukai/book.html）で注文できる。
③小林宏明『学齢期の吃音の指導・支援［改訂第2版］─ICFに基づいたアセスメントプログラム』学苑社
　→小学校の学童の子に対して、さまざまな指導・支援の方法が提示されている。特に資料の、指導・支援の具体例で用いる教材は、すぐ使用できて有用である。
　小林先生のホームページ（http://www.kitsuon-portal.jp/）から、資料も、ダウンロードできる。
④北川敬一企画・制作　DVD『ただ、そばにいる』
　→NPO法人全国言友会連絡協議会が主催する「中高校生のつどい」に参加しているお子さんやその保護者の方に3年間にわたり取材と撮影を行なったドキュメンタリー集。映像として多くの吃音のある人がどもっている姿を見られるのは貴重であり、ぜひ学生に見てもらいたい。DVDは市販せず、「学校のことばの教室」「言語聴覚士のいる病院・学校」などに限定して販売している。購入希望者は北川さんまで。
　メール：sky-wind707@kvj.biglobe.ne.jp
⑤吃音補助機械（96ページ参照）を体験できるソフトウェア
　→無料で7日間DAF、FAFを体験できるソフト。http://www.artefactsoft.com/daf.htm からダウンロードできる。また iPhone や iPod Touch にも有料でダウンロードできる。
⑥菊池良和『ボクは吃音ドクターです。─どもっていても、社会に必要とされる、医師になりたい』毎日新聞社
　→吃音のある人が大人になるにつれ、どのような体験・思考回路をするのかをまとめたもの。言語聴覚士の坂田善政氏との対談や、吃音のある人とその周りの人へのメッセージも収録。

あとがき

　前著『ボクは吃音ドクターです。』（毎日新聞社）を出版してから、多くの方々より講演依頼を受けた。皆口々に、「吃音は難しい、わからない。吃音の情報が足りない」と言うのである。ことばの相談を受けている現場は切実である。その理由としては、吃音を専門とする研究者の少ないことが一番の要因だろう。言語聴覚士という資格ができて、まだ十数年の浅い歴史である。この本で勉強している学生さんたちが日本の言語関連分野の未来を担うことになるだろう。私は将来の言語聴覚士・ことばの教室の先生にとても期待をしている。
　本書を出版するにあたり、編集者杉本哲也氏を紹介していただいた長澤泰子先生に感謝いたします。また、長澤先生が監訳された海外の吃音の教科書『吃音の基礎と臨床』（バリー・ギター著：学苑社）があったからこそ、容易に世界の吃音情報を手に入れることが可能となった。世の中の流れは個人の能力を超えた必然の流れがあると思う。なぜ日本が世界に先駆けて吃音のセルフヘルプグループを発展させ、吃音者宣言、第1回世界大会を主催できたのだろうか？　それは過去に日本で楽石社が世界一の吃音治療をしていたからである。
　今まで吃音の分野では「エビデンス」という用語は使われず、日本の吃音の研究はあまり行なわれていなかった。将来、海外からも注目されるRCT（ランダム化比較試験）を用いて臨床研究を行なうセラピストが出てきて、世界にエビデンスを発表する人が出てくることを切に願っている。吃音は日本だけの問題ではなく、世界中で困っている人がいるのである。
　イラストを手がけてくれた耳鼻咽喉科医師の久保田万理恵さん、言語聴覚士の佐々木裕加さん、堀江静さん、山

口優実さん、には感謝いたします。読者の人たちに、イラストによってよりわかりやすく吃音を伝えることができると思っている。

また、必要な資料とアドバイスをいただいた福岡教育大学の見上睦昌教授、3歳児健診用の親御さんたちの説明文の必要性を教えてくれた恵光会原病院の仲野里香さん、私が吃音の研究・臨床・教育を行なう際に支援していただいた九州大学耳鼻咽喉科学教室（小宗静男教授）、臨床神経生理学教室（飛松省三教授）に感謝いたします。

そして、私が吃音の活動に明け暮れていても、陰ながらサポートし続けてくれている妻に感謝いたします。3歳となる息子も、言語発達の過程を直に勉強でき、育児の大変さ・難しさを実感させてもらっている。ありがたい経験である。

本書を基に吃音の授業をされる先生には、この本にある図や表をまとめたパワーポイントを差し上げたいと思います。また、本書に「資料」にある問診票・説明文を使われる際にもご連絡いただければ、印刷できるPDFファイルを送ります。一人でも吃音診療を始める人が増えることを支援いたします。そして、吃音のある人を支援できるセラピストが増え、吃音があっても安心して生きていける世の中にしたい。本書がそのきっかけになることを切に願っている。

　　　　　　　　　　医師　菊池良和

参考文献

まえがき

（1） http://en.wikibooks.org/wiki/Speech-Language_Pathology/Stuttering

エビデンスとは

（1） Minds診療ガイドライン選定部会監修　福井次矢・吉田雅博・山口直人編『Minds 診療ガイドライン作成の手引き』医学書院 2007.

第1章

（1） 吃音検査小委員会「吃音検査法〈試案1〉について」音声言語医学 1981;22:194-208.
（2） Healey EC, Scott L, and Susca M. Clinical application of a multidimensional approach For the assessment and treatment of stuttering: Contemporary Issues in Communication Disorders 2004;31:40-48.
（3） Mansson H. Childhood stuttering: Incidence and development, Journal of Fluency Disorders 2000;25:47-57.
（4） Yairi E. and Ambrose N. Early childhood stuttering. Austin: Pro-Ed, Inc 2005.
（5） Andrews G., Morris-Yates A., Howie P., and Martin NG. Genetic factors in stuttering confirmed. Arch Gen Psychiatry 1991 Nov;48(11):1034-1035.
（6） Felsenfeld S., Kirk KM., Zhu G., Statham DJ., Neale MC., and Martin NG. A study of the genetic and environmental etiology of stuttering in a selected twin sample. Behav Genet 2000 Sep;30(5):359-366.
（7） Wang NY., Young JH., Meoni LA., Ford DE., Erlinger TP., and Klag MJ. Blood pressure change and risk of hypertension associated with parental hypertension: the Johns Hopkins Precursors Study. Arch Intern Med 2008 Mar 24;168(6):643-648.
（8） Yairi E. and Ambrose NG. Early childhood stuttering I: persistency and recovery rates. J Speech Lang Hear Res 1999 Oct;42(5):1097-1112.

150

(9) Ambrose NG., Cox NJ., and Yairi E. The genetic basis of persistence and recovery in stuttering. J Speech Lang Hear Res 1997 Jun;40(3):567-580.
(10) 日本聴能言語士協会講習会実行委員会『コミュニケーション障害の臨床2 吃音』協同医書出版社 2001.
(11) 見上昌睦・森永和代「吃音者の学校教育期における吃音の変動と通常の学級の教師に対する配慮・支援の要望」聴覚言語障害 2006:34(6):61-81.
(12) 氏平明「言語学的分析からの吃音治療の展望」コミュニケーション障害2008:25(2):129-136.
(13) Kott JR. and Tjossen TD. Studies in the psychology of stuttering: A quantitative evaluation of expectation of stuttering in relation to the occurrence of stuttering. Journal of Speech Disorders 1937:2:20-22.
(14) Freeman FJ. and Ushijima T. Laryngeal muscle activity during stuttering. J Speech Hear Res 1978 Sep;21(3):538-562.
(15) Conture EG., McCall GN., and Brewer DW. Laryngeal behavior during stuttering. J Speech Hear Res 1977;20(4):661-668.
(16) Rosenfield DB. and Freeman FJ. Stuttering onset after laryngectomy. Journal of Fluency Disorders 1983;8(3):265-268.
(17) Kikuchi Y., Ogata K., Umesaki T., Yoshiura T., Kenjo M., Hirano Y., Okamoto T., Komune S., and Tobimatsu S. Neuroimage. Spatiotemporal signatures of an abnormal auditory system in stuttering 2011 Apr 1;55(3):891-899.
(18) Civier O., Tasko SM., and Guenther FH. Overreliance on auditory feedback may lead to sound/syllable repetitions: simulations of stuttering and fluency-inducing conditions with a neural model of speech production. J Fluency Disord. 2010 Sep;35(3):246-279. Epub 2010 May 20.
(19) Guitar B. Pretreatment factors associated with the outcome of stuttering therapy. J Speech Hear Res 1976 Sep;19(3):590-600.
(20) Van Riper C. Final thoughts about stuttering. Journal of Fluency Disorders 1990; 15: 317-318.
(21) Blumgart E., Tran Y., and Craig A. Social anxiety disorder in adults who stutter. Depress Anxiety 2010 Jul;27(7):687-692.
(22) Irwin M. Terminology ? How Should Stuttering be Defined? and Why? Norberg et al., 2006.
(23) Keller MB. The lifelong course of social anxiety disorder: a clinical perspective. Acta Psychiatr Scand Suppl 2003:(417):85-94.

(24) Ohayon and MM, Schatzberg AF. Social phobia and depression: prevalence and comorbidity. J Psychosom Res 2010 Mar;68(3):235-243.

(25) Stein MB., Fuetsch M., Muller N., Hofler M., Lieb R., and Wittchen HU. Social anxiety disorder and the risk of depression: a prospective community study of adolescents and young adults. Arch Gen Psychiatry. 2001 Mar;58(3):251-256.

(26) Rapee RM., Abbott MJ., Baillie AL., and Gaston JE. Treatment of social phobia through pure self-help and therapist-augmented self-help. Br J Psychiatry 2007 Sep;191:246-252.

(27) Theys C., van Wieringen A., Sunaert S., Thijs V., and De Nil LF. A one year prospective study of neurogenic stuttering following stroke: Incidence and co-occurring disorders. J Commun Disord. 2011 Jul 2.

(28) バリー・ギター著 長澤泰子監訳 『吃音の基礎と臨床—統合的アプローチ—』学苑社 2007.

(29) Market KE., Montague Jr. JC., Buffalo MD., and Drummond SS. Acquired stuttering: Descriptive data and treatment outcome. Journal of Fluency Disorders 1990.15(1):21-33.

(30) Bloodstein O. and Bernstein Ratner, N. A handbook on stuttering (6th edition). Thomson- Delmar.loodstein 2008.

(31) Boulet SL., Boyle CA. and Schieve LA. Health care use and functional impact of developmental disabilities among US children, 1997-2005. Arch Pediatr Adolesc Med 2009 Jan;163(1):19-26.

(32) Nippold MA. Phonological and language disorders in children who stutter: impact on treatment recommendations. Clin Linguist Phon 2004 Mar;18(2):145-159.

(33) St. Louis KO., Raphael LJ., Myers FL., and Bakker K. Cluttering Updated. The ASHA Leader 2003:20-22.

(34) 宮本昌子「日本語版クラッタリングチェックリストの適用可能性の検討」音声言語医学 2011;52(4):322-328.

(35) St. Louis KO, Myers FL. Management of cluttering and related fluency disorders. Nature and treatment of stuttering: New directions. NY: Allyn and Bacon 1997:313-332.

第2章

(1) Johnson W et al. A study of the onset and development of stuttering. Journal of Speech Disorders 1942;7:251-257.
(2) Johnson W. The onset of stuttering. Minneapolis: University of Minnesota Press 1959.
(3) McDearmon JR. Primary stuttering at the onset of stuttering: a reexamination of data. J Speech Hear Res. 1968 Sep;11(3):631-637.
(4) Boey RA, Van de Heyning PH, Wuys FL, Heylen L, Stoop R, and De Bodt MS. Awareness and reactions of young stuttering children aged 2-7 years old towards their speech disfluency. J Commun Disord 2009 Sep-Oct;42(5):334-346.
(5) 呉宏明「伊沢修二と視話法—楽石社の吃音矯正事業を中心に—」京都精華大学紀要 2004;26:145-161.
(6) 伊藤伸二「吃音問題の歴史—楽石社と言友会をめぐって—」大阪教育大学紀要 Ⅳ 教育科学 1974;23:131-136.
(7) 都筑澄夫『言語聴覚療法シリーズ13 改訂吃音』建帛社 2008.
(8) 都筑澄夫「記憶・情動系の可塑性と吃音の治療—発話にかかわるパラリンギスティックな要因について—」音声言語医学 2002;43:344-349.
(9) Van Riper C. Final Thoughts on Stuttering. Journal of Fluency Disorders 1991;15:317-318.

第3章

(1) Yairi E. and Ambrose N. Early childhood stuttering. Austin: Pro-Ed, Inc 2005.
(2) Drotar D., Baskiewicz A., Irvin N., Kennell J., and Klaus M. The adaptation of parents to the birth of an infant with a congenital malformation: a hypothetical model. Pediatrics 1975 Nov;56(5):710-717.
(3) バリー・ギター著 長澤泰子監訳『吃音の基礎と臨床—統合的アプローチ—』学苑社 2007.
(4) Lieberman MD., Eisenberger NI., Crockett MJ., Tom SM., Pfeifer JH., and Way BM. Putting feelings into words: affect labeling disrupts amygdala activity in response to affective stimuli. Psychol Sci 2007 May;18(5):421-428.
(5) 見上昌睦・森永和代「吃音者の学校教育期における吃音の変動と通常の学級の教師に対する配慮・支援の要望」聴覚言語障害 2006;34(3):61-81.

(6) 中川志穂・小林宏明「吃音がある人の小学校における教師の支援に対する要望に関する調査：言友会会員の方を対象として」2008.

(7) Sharp S. How much does bullying hurt? The effects of bullying on the personal well-being and educational progress of secondary aged students. Educational and Child Psychology 1995;12:81-88.

(8) 文部科学省「児童生徒の問題行動等生徒指導上の諸問題に関する諸調査（2-4）いじめの発見のきっかけ 参考6」2009.

(9) Coloroso B. The bully, the bullied, and the bystander. New York, NY: HarperCollins Publishers, Inc 2003.

(10) Olweus, D. Bully/victim problems among school children: Some basic facts and effects of a school-based intervention program. In D. Pepler & K. Rubin (Eds.), The development and treatment of childhood aggression. Hillsdale, NJ: Erlbaum 1991.

(11) Murphy WP, Yaruss JS, and Quesal RW. Enhancing treatment for school-age children who stutter II. Reducing bullying through role-playing and self-disclosure. J Fluency Disord 2007;32(2):139-162.

(12) 乙武洋匡『五体不満足』講談社 1998.

(13) Van Riper C. The treatment of stuttering. Prentice Hall 1973.

(14) 文部科学省『児童生徒の問題行動等生徒指導上の諸問題に関する調査』不登校生徒の推移 平成21年度」2009.

(15) 新潟県教育庁義務教育課「中1ギャップ解消プログラム―中1ギャップの解消に向けて―」きょういくeye 特別号2008;1-8.

(16) 小林正幸・相川充『ソーシャルスキル教育で子どもが変わる―小学校：楽しく身につく学級生活の基礎・基本―』図書文化 1999.

(17) 松尾純一・見上昌睦「吃音児のアサーションに関する検討―児童用主張性尺度を用いて―」日本コミュニケーション障害学会学術講演会予稿集 2009;35:71-75.

(18) 文部科学省「学校基本調査」2011.

(19) 厚生労働省「平成23年度大学等卒業予定者の就職内定状況調査」2011.

第4章

(1) Andrews G., Craig A., Feyer AM., Hoddinott S., Howie P., and Neilson M. Stuttering: a review of research findings and theories circa 1982. J Speech Hear Disord 1983 Aug;48(3):226-246.
(2) Porter HVK. Studies in the psychology of stuttering: Stuttering phenomena in relation to size and personnel of audience. Journal of Speech Disorders 1939;4:323-333.
(3) 見上昌睦「吃音の進展した小児に対する言語指導の試み」聴能言語学研究 2002;19(1):18-26.
(4) 苅安誠「吃音のブロック症状に対するリズム発話と運動制御アプローチの効果」音声言語医学 1990;31(3):271-279.
(5) Frank A. and Bloodstein O. Frequency of stuttering following repeated unison readings. J Speech Hear Res 1971 Sep;14(3):519-524.
(6) Ingham RJ. and Andrews G. An analysis of a token economy in stuttering therapy. J Appl Behav Anal 1973 Summer;6(2):219-229.
(7) Haroldson SK., Martin RR., and Starr CD. Time-out as a punishment for stuttering. J Speech Hear Res 1968 Sep;11(3):560-566.
(8) Woods S., Shearsby J., Onslow M., and Burnham D. The psychological impact of the Lidcombe program of early stuttering intervention: eight case studies. Int J Lang Comm Disord 2002;37:31-40.
(9) Tornick GB. and Bloodstein O. Stuttering and sentence length. J Speech Hear Res 1976;19(4):651-654.
(10) Ratner NB. and Sih CC. Effects of gradual increases in sentence length and complexity on children's dysfluency. J Speech Hear Disord 1987;52(3):278-287.
(11) Ryan BP. Programmed therapy for stuttering in children and adults. Springfield, IL: Charles C. Thomas 1974.
(12) Miller B. and Guitar B. Long-term outcome of the Lidcombe Program for early stuttering intervention. Am J Speech Lang Pathol 2009 Feb;18(1):42-49.
(13) バリー・ギター著 長澤泰子監訳『吃音の基礎と臨床―統合的アプローチ―』学苑社 2007.
(14) Jones M., Onslow M., Packman A., Williams S., Ormond T., Schwarz I., et al. Randomised controlled trial of the Lidcombe

(15) Franken MC., Kielstra-Van der Schalk CJ., and Boelens H. Experimental treatment of early stuttering: a preliminary study.J Fluency Disord. 2005;30(3):189-99.

programme of early stuttering intervention. BMJ 2005 Sep 24;331(7518): 659

(16) Maguire GA., Riley GD., Franklin DL., Maguire ME., Nguyen CT., and Brojeni PH. Olanzapine in the treatment of developmental stuttering: a double-blind, placebo-controlled trial. Ann Clin Psychiatry 2004 Apr-Jun;16(2):63-67.

(17) Langevin M., Huinck WJ., Kully D., Peters HF., Lomheim H., and Tellers M. A cross-cultural, long-term outcome evaluation of the ISTAR Comprehensive Stuttering Program across Dutch and Canadian adults who stutter. J Fluency Disord 2006;31(4):229-256.

(18) Pollard R., Ellis JB., Finan D., and Ramig PR. Effects of the SpeechEasy on objective and perceived aspects of stuttering: a 6-month, phase I clinical trial in naturalistic environments. J Speech Lang Hear Res 2009 Apr;52(2):516-533.

(19) Bothe AK., Davidow JH., Bramlett RE., and Ingham RJ. Stuttering treatment research 1970-2005: I. Systematic review incorporating trial quality assessment of behavioral, cognitive, and related approaches. Am J Speech Lang Pathol. 2006 Nov;15(4):321-341.

(20) Plexico LW., Manning WH., and DiLollo A. Client perceptions of effective and ineffective therapeutic alliances during treatment for stuttering.J Fluency Disord. 2010 Dec;35(4):333-354.

第5章

（1） http://www.stutteringhelp.org/Default.aspx?tabid=203

第6章

（1） マルコム・フレーザー著　中島祥吉・神山五郎訳『ことばの自己療法』自費出版 1994.

【著者紹介】（2019年7月現在）

菊池　良和（きくち　よしかず）

　医学博士　耳鼻咽喉科医師。1978年山口県生まれ。中学1年生のときに、「吃音の悩みから解放されるには、医師になるしかない」と心に決める。九州大学医学部卒業し、宗像水光会病院研修医を経て、九州大学耳鼻咽喉科に入局する。九州大学大学院臨床神経生理学教室で吃音者の脳研究を始め、国内外の学会で発表した吃音の脳研究に対して3度受賞している。現在は九州大学病院勤務。
　メールアドレス：kiku618@gmail.com

【イラストレータ】

久保田　万理恵（くぼた　まりえ）

　耳鼻咽喉科医師。九州大学医学部卒業。
　担当イラスト：カバー、129ページ

佐々木　裕加（ささき　ゆか）

　言語聴覚士。1981年生まれ。長崎出身。
　担当イラスト：111、117、121、133ページ

堀江　静（ほりえ　しずか）

　医学博士　言語聴覚士。1972年福岡県生まれ。九州大学教育学部を卒業し、言語聴覚士として急性期病院に11年間勤務。高次脳機能に関心をもち、九州大学大学院医学系学府臨床神経生理学教室で漢字と仮名の脳内処理に関する研究を行なう。国際学会での受賞経験あり。
　イラストを含め、料理・洋裁・日曜大工・部屋の模様替えなど、手作り全般を趣味とする。二児の母。
　担当イラスト：29、44〜45、50〜51、101〜103、115、123、125ページ

山口　優実（やまぐち　ゆうみ）

　言語聴覚士。1982年福岡県生まれ。高校のときに言語聴覚士という職業を知り興味をもつ。柳川リハビリテーション学院を卒業後、老人保健施設M・T奈多ケア院、和白病院のリハビリテーション科での勤務を経て、九州大学病院の耳鼻科へ入職。現在、嚥下・音声障害に対するリハビリテーションを行なっている。
　担当イラスト：61、67、113、119、131ページ

エビデンスに基づいた吃音支援入門　　　　　　　　　　©2012

2012年5月1日　初版第1刷発行
2023年8月20日　初版第12刷発行

　　　　　　　　著　者　　菊池良和
　　　　　　　　発行者　　杉本哲也
　　　　　　　　発行所　　株式会社　学　苑　社
　　　　　　　　　　　　東京都千代田区富士見2-10-2
　　　　　　　　電話(代)　03（3263）3817
　　　　　　　　fax.　　　03（3263）2410
　　　　　　　　振替　　　00100-7-177379
　　　　　　　　印刷・製本　藤原印刷株式会社

検印省略　　　　　　　　乱丁落丁はお取り替えいたします。
　　　　　　　　　　　　定価はカバーに表示してあります。

ISBN978-4-7614-0745-2

キフ印刷とは、製作費の一部が、特定非営利活動法人「育て上げ」ネットを通じて、若者の自立・就労支援に使われます。日本初の社会貢献型印刷です。
http://fujiwara-i.com/service/kifu.html

吃音

もう迷わない！
ことばの教室の吃音指導
今すぐ使えるワークシート付き

菊池良和【編著】
髙橋三郎・仲野里香【著】

B5判●定価 2530 円

医師、教師、言語聴覚士が、吃音症状へのアプローチから困る場面での対応までを幅広く紹介。ワークシートで、指導・支援を実践する。

吃音

子どもの吃音
ママ応援 BOOK

菊池良和【著】
はやしみこ【イラスト】

四六判●定価 1430 円

吃音のある子どもへの具体的な支援方法をマンガで解説。吃音の誤解と正しい情報を知れば子どもの接し方がわかってくる。

吃音

吃音の合理的配慮

菊池良和【著】

A5判●定価 1980 円

「法律に基づいた支援」を念頭におき、効果的な吃音支援を実現するために、合理的配慮の具体例や法律そして資料を紹介。

吃音

吃音の
リスクマネジメント
備えあれば憂いなし

菊池良和【著】

A5判●定価 1650 円

「子どもが、からかわれたらどうしよう」と心配な親御さん、吃音の相談に戸惑う医師やST、ことばの教室の先生のための1冊。

吃音

保護者の声に寄り添い、学ぶ
吃音のある子どもと家族の
支援　暮らしから社会へつなげるために

堅田利明・菊池良和【編著】

四六判●定価 1870 円

尾木ママこと尾木直樹氏推薦！NHK Eテレ「ウワサの保護者会―気づいて！きつ音の悩み」著者出演から生まれた本。13のQ&A、12のコラムで構成。

吃音

ことばの教室でできる
吃音のグループ学習
実践ガイド

石田修・飯村大智【著】

B5判●定価 2090 円

小澤恵美先生（『吃音検査法』著者）推薦！　吃音指導における「グループ学習」は、個別指導での学びを深め進化させる力がある。

税 10％込みの価格です

学苑社
Tel 03-3263-3817
Fax 03-3263-2410
〒102-0071 東京都千代田区富士見 2-10-2
E-mail: info@gakuensha.co.jp　https://www.gakuensha.co.jp/